몽테뉴   Michel de Montaigne(1533~1592)

르네상스기의 프랑스 철학자. 모랄리스트로 알려져 있다. 부유한 가정에서 태어난 그는 세심한 교육을 받은 후 툴루즈에서 법학을 공부하고 보르도 의회와 합병된 페리그외 지원 법원의 카운슬러로 일했다. 여행을 좋아해서 독일과 이탈리아 등 여러 나라를 다녔다. 1581년부터 1585년까지 보르도 시장을 역임했다. 인생에 대한 고찰을 추상화한 『수상록(Essais, 1580)』 3권을 남겼다. 종교가 가르치는 것과 같은 천국에서의 행복이 아니라 현재의 생활을 적극적으로 영위할 것을 주장했다.

몽테뉴의 살아있는 생각

《THE LIVING THOUGHTS OF MONTAIGNE》
ⓒ Andre Gide, 1943
All rights reserved.
Korean Translation Copyright ⓒ 2024 by SEOKYOBOOKS
이 책은 저작권법에 의하여 한국 내에서 보호를 받는 저작물이므로
무단전재와 무단복제를 금합니다.

The living thoughts of Montaigne

몽테뉴의 살아있는 생각

앙드레 지드 지음

오웅석 옮김

서교책방

목차

1부 몽테뉴는 누구인가?
9

2부 앙드레 지드가 선별한 몽테뉴 사상의 핵심_『수상록』
53

54	독자에게 전하는 말
56	『수상록』을 쓰게 된 배경
57	죽음에 대한 고찰
60	관습에 대하여
64	학문의 어려움
66	자녀교육의 방도
74	제2외국어를 배우는 방법
78	진정한 우정
81	신세계 사람들
84	시의 황홀함
86	책을 구성하는 방식
89	한 사람을 판단하려면
91	나의 아버지
93	죽음의 문턱에서

101	나를 관찰하고 연구한다
102	자식을 다루는 법
105	독서하는 방법
108	의견의 변동성
112	인간의 본질
113	불신은 공격을 불러온다
116	글을 쓰고 말하는 방법
118	영혼과 육체의 결합
120	온전히 제멋대로 움직인다
123	입 밖으로 내뱉은 말의 무게
125	기억력이 없으면
128	모른다는 사실을 부끄러워하지 않는다
130	건강이야말로 보석
131	악의적 즐거움
133	후회가 싫다
142	노화를 미룬다
143	세 가지 교제
148	고통스러운 생각에 사로잡히면
149	꼰대가 되지 않기 위해
151	건강이 주는 기쁨
152	엄격함에 대한 혐오
153	더 솔직해지고 싶다
155	좋은 결혼이란

156	가장 나다운 글
159	노년의 사랑
161	정복자들의 모순
170	대화가 즐거워지려면
173	말에 관한 말
175	혁명의 이면
176	내전의 공포
177	사랑하는 파리
179	여행은 유익한 훈련이다
182	우정에는 긴 팔이 있어
184	노년과 쾌락
185	나이 들어도 여행하는 이유
187	여행을 하는 방식
193	법의 준수
195	『수상록』에서 부주의해 보이는 점
197	모호함에 대한 혐오
198	로마에 대한 기억
202	자식이 없어도
203	쓸모 있는 일
205	공약을 지키다
208	소문과 과장
210	소크라테스의 가르침
214	고통 속에서 나를 지키는 법

218	역병에 대한 불안감
221	죽음에 대한 이해
222	아름다움과 선함 사이의 거리
224	인상이 좋아야 한다
231	가장 바람직한 법이란
233	법이 어려운 이유
234	해석을 해석하는 일
236	자유를 빼앗긴다면
238	자연의 법칙
239	문을 밀어보아야 안다
240	엉뚱한 행동
241	누구나 까탈스럽다
244	차라리 즐거움을 추구한다
246	질병을 겪고 난 다음에
247	개인적인 습관
249	군인과 대화하기
250	타고난 자족감
251	나이 들어간다는 것
256	아이를 키운다면
258	현명하게 세월을 받아들인다
262	춤출 때는 춤을 추고, 잠잘 때는 잠을 잔다
265	잘 살아가는 방법
267	삶의 가치

* 『수상록』에서 발췌한 부분은 큰따옴표로 표시했습니다.

The living thoughts of
Montaigne

1부

몽테뉴는 누구인가?

몽테뉴가 남긴 저서는 『수상록』이 유일하다. 그렇지만 계획하거나 방식을 정해놓은 것이 아니라 우연히 드는 생각과 책을 읽다가 떠오른 생각을 기록한 이 책을 통해 몽테뉴는 우리에게 자기 자신을 온전히 드러내어 보여준다. 그는 마흔일곱 살이던 1580년에 초판을 출간했고, 이후로 네 차례 개정판을 출간했다. 그는 이 글을 고치고 바로잡아 완벽하게 다듬었으며, 그가 세상을 떠난 1592년에는 수정된 내용에 기존 개정판에 수록된 부록이 추가된 다른 판본이 출간되었다. 그는 (1580년과 1581년 사이에) 독일 남부와 이탈리아를 두루 여행했고, 이후에는 보르도 시장이라는 요직을 맡았다. 그가 외국을 다니며 관찰한 것과 종교전쟁으로 큰 어려움에 빠졌던 시기에 맡은 공직 생활을 통해 얻은 경험을 이 책에 담았다.

공직을 그만둔 이후에는 오직 본인의 생각에만 집중하기 위해 고향인 페리고르 지방에 있는 자기가 태어난 작은 성의 서재에 틀어박혀 여생을 보냈다. 이 성에서 그는 『수상록』 3권에 들어갈 글들을 추가로 집필했다. 기존에 썼던 내용을 더 나은 표현으로 바꾸느라 600군데나 수정 내용을 덧붙였다. 처음 쓴 글에는 독서 과정에서 모은 방대한 인용문이 삽입되어 있었다. 모든 것이 이미 누군가가 생각했거나 말했던 것이고 사람은 어디에서든 늘 똑같다는 자신의 믿음을 보여주고 싶었기 때문이다. 그렇다 보니 인용문이 너무 많아서 어떤 장은 마치 그리스와 로마의 저자들이 만든 빡빡한 푸딩처럼 보인다. 이런 까닭에 이 책이 정말 몽테뉴가 쓴 것이 맞는지 의심의 눈길을 보내는 사람도 있었다. 이처럼 뒤죽박죽 섞인 고대의 문장들을 인용하고도 책이 엄청난 성공을 거두었다는 것은 정말 예외적인 사례일 것이다.

당시는 인류가 그리스·로마 문화에 흠뻑 빠져 있던 시대여서 이처럼 학식을 자랑하는 것이 딱히 몽테뉴에게만 해당하는 일은 아니었다. 에드워드 기번[1]이 지적한 대로 고전 연구는 르네상스의 시작보다 훨씬 앞서 이루어졌지만, 이 고전 연구 때문에 서양의 지적 발전이 오히

---

[1] 18세기 영국의 역사가이자 『로마 제국 쇠망사』의 저자.

려 늦어졌다. 당시 작가들은 영감과 자극을 찾기보다는 기존의 모범사례를 찾는 데 주력했기 때문이다. 조반니 보카치오[2]와 프랑수아 라블레[3]의 시대에 배움이란 인간의 정신에 매우 부담이 되는 일이었으며, 인간의 정신을 자유롭게 하는 데에 도움을 주기는커녕 오히려 가로막았다. 고대 지식인들의 권위, 특히 아리스토텔레스의 권위 때문에 학계 문화는 일종의 틀에 박힌 활동이 되었고, 16세기에 파리대학은 거의 책벌레와 현학자들만 모이는 장소가 되고 말았다.

몽테뉴는 현실감각 없이 학문에만 몰두하는 이런 문화에 저항하지 않고 잘 동화되어 오히려 그것을 자기 것으로 만들었다. 이런 문화는 그의 정신에 전혀 장애가 되지 않았고, 바로 이 점에서 당대의 다른 작가들과 구별된다. 그는 자기 작품에 인용문을 넣는 당시의 유행을 따랐을 뿐이지만 스스로 이렇게 묻는다. "고기를 배불리 먹었더라도 소화되지 않아 몸으로 흡수될 영양분이 없고 몸을 튼튼하게 하는 데 도움도 되지 않는다면 그게 무슨

---

[2] 14세기 이탈리아의 시인이자 『데카메론』의 작가.
[3] 16세기 프랑스의 풍자시인.

소용이란 말인가?"(『수상록』1권 4장) 그리고 좀 더 듣기 좋게 다시 한번 "여기저기 꽃을 찾아 정수를 빨아내어 결국에는 백리향 꽃의 꿀도 아니고 마조람꽃의 꿀도 아닌 자신만의 꿀을 만들어내는" 꿀벌을 자신에 비유한다.

『수상록』의 성공은 저자의 비범한 성격을 빼놓고는 설명하기 힘들다. 그는 당시의 세상에 어떤 새로운 것을 가져왔다. 그가 보기에 자기 인식 외에 다른 지식은 모두 불확실했다. 그러나 그가 발견하고 파헤친 인간은 너무 꾸밈없고 너무 진실해서 『수상록』을 읽는 독자라면 누구나 그 안에서 자기 자신을 발견하게 된다.

인간성이라는 관습적인 이름으로 진정한 자아를 덮으려는 시도는 어느 시대에나 있었다. 몽테뉴는 본질에 도달하기 위해 이런 가면을 벗어 던진다. 만약 그가 진정한 자아 찾기에 성공했다고 한다면 그것은 끈질긴 노력과 남다른 통찰 덕분이다. 관습과 이미 굳어진 기존 관념 그리고 순응주의에 맞서 항상 깨어 있고 긴장하면서도 동시에 편하고 재미있게 일상을 즐긴다. 미소 짓고 관대하지만 타협하지 않는 비판 정신의 목적은 그저 알고자 함이지 누구를 가르치려는 것이 아니다.

플라톤, 스베덴보리, 셰익스피어, 괴테, 나폴레옹 그리고 몽테뉴를 대표적인 여섯 위인으로 꼽은 에머슨은 이렇게 말한다. "몽테뉴는 모든 작가 중에 가장 솔직하고 정직한 작가다." 에머슨은 자신의 책 『몽테뉴 혹은 회의주의자』에서 『수상록』이 "그 시인의 서재에 있었다고 확신할 수 있는 유일한 책"이라고 말한다. (여기서 시인이란 셰익스피어를 말한다). 또한 그는 "리 헌트[4]가 바이런 경을 언급하면서 그가 만족스럽게 읽었다고 토로한 작가 중 몽테뉴가 유일하게 지난 시대의 위대한 작가였다"라는 말을 덧붙인다. 그 뒤에는 이런 내용도 나온다. "이런 괴팍한 시대(16세기)에는 기번을 떠올리겠지만, 프랑스에는 관대함을 대표하는 두 인물, 즉 앙리 4세와 몽테뉴가 있었다."

몽테뉴에게 있어 육체는 정신만큼이나 중요하다. 그는 육체와 정신을 분리하지 않고, 자기 생각을 추상적으로 전달하지 않으려고 끊임없이 주의한다. 그러므로 우리는 몽테뉴의 말을 듣기 전에 그의 모습을 먼저 살펴보

---

[4] 영국의 비평가이자 시인.

아야 한다. 우리에게 전신 초상화의 모든 요소를 제공한 사람이 바로 몽테뉴다. 그의 초상화를 살펴보자.

그는 키가 작은 편이다. 얼굴에 살집은 없지만 통통하고, 당시의 유행에 따라 짧은 콧수염을 기르고 있다. 그의 감각은 완벽에 가까울 정도로 건전하다.

그는 건강한 육체를 방탕하게 사용하긴 했지만, 신장 결석으로 인한 영향을 약간 받았을 뿐 마흔일곱 살이라는 나이에도 여전히 활력이 넘쳤다. 걸음걸이는 안정적이고 행동은 무뚝뚝하며 목소리는 크고 우렁찼다. 말하기를 좋아하며 항상 열의에 차서 들뜬 채로 말했다. 당시에는 포크를 사용하지 않았기 때문에 그는 이것저것 아무거나 게걸스럽게 먹다가 가끔 자기 손가락을 깨물기도 했다. 그는 자주 말을 타고 다녔고, 노년에도 피곤을 느끼지 않고 오랜 시간 안장에 앉아 있었다. 그의 말에 따르면 수면이 자기 인생의 많은 시간을 차지했다고 한다. 그리고 독자들이 웃을 수 있는 짧은 대목도 언급했다. 그는 앉을 때 "두 다리를 앉은 자리보다 높은 데에 올려두길 좋아했다." (3권 13장)

저자의 중요성은 그의 개인적인 가치뿐만 아니라 그

가 전하는 메시지의 적절성에도 크게 좌우된다. 어떤 경우에는 역사적으로는 중요하지만 오늘날의 우리에게는 와닿지 않는 내용을 전하는 저자도 있다. 과거라면 그런 내용들이 사람들의 의식을 흔들어놓고 열정에 불을 지펴 혁명을 일으켰을지 모르지만, 지금 우리들은 그런 것들에 귀 기울이지 않는다. 위대한 저자는 작품을 통해 특정 국가와 시대의 필요에 부응할 뿐만 아니라 다양한 국가와 세대의 각기 다른 허기를 채워줄 양식을 제공한다. 몽테뉴는 "신중한 독자는 종종 다른 사람의 글에서 저자가 의미한 바와 전혀 다르고 어쩌면 저자는 꿈도 꾸지 못했을 완벽함을 발견하고, 그것을 더 풍부한 감각과 훌륭한 구성으로 묘사한다"라고 말한다. (1권 23장) 몽테뉴 자신이 그런 저자였는가? 그리고 그는 '신중한 독자'가 던질 새로운 질문에 답할 수 있을까? 주제넘지만 그랬으면 좋겠다.

우리 시대에는 어느 나라든 건설적인 정신이 특히 요구된다. 대중의 존경을 받는 저자들은 거의 모든 민족과 우리를 괴롭히는 고통스러운 정치적, 사회적, 도덕적 문제들을 해결하기 위해 신중하게 구성된 체계를 제시하는 이들이다. 몽테뉴가 어떤 방도도, (그의 시대에는 유효했을지 모르지만 그때의 방도가 어떻게 우리 시대에도 통용될 수 있겠는가?) 어떤 철학적 혹은 사회적 체계도 제시하지 못한 것은 사실이다. 몽테뉴보다 더 무질서한 정신을 가진 이는 없을 것이다. 그는 정신을 자유롭게 풀어놓아 마음껏 뛰놀게 한다. 에머슨은 몽테뉴의 끊임없는 의구심 때문에 그를 회의주의(다시 말해서 반교조주의, 질문하고 탐구하는 정신)의 가장 완벽한 대표 인물로 여겼는데, 그런 의구심조차도 치료되면서 환자 몸에서 함께 나오는 설사약에 비견될 수 있다. 그렇기에 어떤 사람들은 몽테뉴의 "크세주(Que sçais-je)[5]?"라는 말에서 그의 지혜와 가르침의 정수를 동시에 본다. 내가 그 말에 만족한다는 뜻은 아니다. 『수상록』에서 마음에 드는 부분은 거기에 담긴 회의주의도 아니고 거기에서 얻은 교훈도 아니다. '신중한 독자'는 몽테뉴의 글에서 의혹과 질문 이상의 것을 찾아낼 것이다.

---

[5] '나는 무엇을 아는가?'라는 뜻으로, 몽테뉴의 회의주의를 표명하는 문장으로 유명하다. 현대 프랑스어로는 'Que sais-je?'로 표기한다.

여러 시대에 걸쳐 반복되는 폰티우스 필라투스[6]의 잔인한 질문에 대해 몽테뉴는 매우 인간적이고 불경스러운 방식으로, 그렇지만 매우 다른 의미에서 그리스도의 신성한 대답인 "내가 곧 진리다"를 받아들인 듯하다. 다시 말해, 몽테뉴는 인간이 자기 자신 외에는 진정으로 알 수 있는 것이 아무것도 없다고 생각한다. 자기를 아는 것이 실제로 다른 무엇보다 중요해 보였기 때문에 그는 자기 자신에 관해 그토록 많은 이야기를 한 것이었다. 그는 말한다. "사물이든 인간이든 가면은 벗겨져야 한다."(1권 19장) 그는 스스로 가면을 벗어내고 본모습을 드러내기 위해 자신을 그려낸다. 가면은 그 자신보다는 그 나라와 시대에 훨씬 크게 좌우되므로 각 민족이 서로 다른 이유는 무엇보다도 가면 때문이며, 따라서 가면이 벗겨지면 서로 자신과 비슷한 점을 쉽게 알아차릴 수 있다.

몽테뉴는 스스로 그린 자화상이 자신에게 특별한 만큼이나 일반 사람에게도 흥미로울 수 있다는 생각에 이

---

[6] 흔히 빌라도로 알려졌으며, 26년부터 36년까지 유대 속주의 로마 제5대 총독으로 예수를 십자가형에 처한 것으로 유명하다. 그가 예수를 심문하면서 한 질문은 "진리가 무엇인가?"였다.

르게 되는데, 실제로 우리는 이 심오한 진리 때문에 그의 초상화에 그토록 큰 관심을 보이는 것이다. "사람은 누구나 인간 조건의 특질을 지니고 있다."(3권 2장) 이보다 한발 더 나아가, 몽테뉴는 "핀다로스[7]가 말했듯, 참된 진실이 위대한 미덕의 시작이다"라고 확신했다. (2권 18장) 핀다로스로부터 플루타르코스가 가져오고 다시 플루타르코스로부터 몽테뉴가 빌려온 이 훌륭한 문장을 이제는 내가 쓰고자 한다. 『수상록』 서두에 이 말을 새겨넣고 싶은 이유는 내가 그의 책에서 얻은 가장 중요한 교훈이 이 문장에 고스란히 담겨 있기 때문이다.

그렇지만 처음부터 몽테뉴가 자신에 관한 진실을 인정하고 본래의 모습을 그리겠노라고 결심한 것은 아닌 것 같다. 바로 이것이 초기에 그의 그림에서 보이는 어떤 머뭇거림, 역사라는 두터운 덤불에서 대피처를 찾으려는 시도, (인정받기 위한 것으로 생각되는) 많은 인용문과 사례들 그리고 끝없는 암중모색의 이유를 설명해준다. 자기 자신을 향한 관심은 처음에는 무엇이 중요한지에 대한 뚜

---

[7] 고대 그리스의 서정 시인.

렷한 생각 없이 가장 하찮아 보이는 것이 실제로는 가장 주목할 만한 것일지도 모른다는 의구심으로 막연하고 혼란스럽기만 하다. 자신의 모든 것이 호기심과 즐거움 그리고 놀라움의 대상이었다. "나는 세상에서 나와 같은 괴물이나 그만큼 놀라운 것을 본 적이 없다. 사람은 시간이 흐르고 버릇이 들면서 온갖 기이한 일들에 점차 익숙해지지만, 나는 자신을 살펴보고 알아갈수록 내 기형에 더 놀라고 나 자신을 점점 더 이해할 수 없게 된다." (3권 11장) 몽테뉴가 자신의 '기형'에 대해 이렇게 말하는 것을 듣자니 반갑기 그지없다. 우리는 바로 이렇게 그를 우리 중의 한 명으로, 즉 평범한 사람으로 인식할 수 있어서 그를 좋아하는 것이다.

몽테뉴는 (초판에는 없었던) 『수상록』의 마지막 권이자 3권을 집필하면서야 비로소 자신 그 자체는 아니더라도 자신의 주제들을 온전히 이해하고 길 찾기를 멈추었다. (누구라도 자기 자신을 완전히 파악할 수는 없을 것이다.) 그는 하고 싶은 말과 해야 하는 말을 알고 있었고, 그것들을 비교할 수 없을 정도로 우아하면서도 장난스럽고 유쾌하면서 독창적인 방식으로 표현한다. 몽테뉴는 (도덕주의자들을 언급하며) "다른 이들은 인간을 만들어내지만, 나는 인간을 이야기한다"라고 적었다. 몇 줄 뒤에 가서는 좀 더 미묘하게 이렇게 얘기한다. "나는 본질이 아니라 그 과정을 그린다." (3권 2장) (독일인이라면 'werden'[8]이라는 단어를 썼을 것이다.) 만물의 끊임없는 흐름에 몰두했던 몽테뉴는 이런 말들을 통해서 인간의 성격은 결코 '정해져 있는' 것이 아니라 '변해가는' 덧없는 순간에 그 자체를 의식하는 것이라는 불안정성을 지적한다. 그의 주위에서 다른 모든 확실성이 무너지면서 이 불안정성은 더욱 크고 강하게 그에게 다가왔다. 이 주제, 다시 말해 자신이라는 주제에 관해서는 몽테뉴가 "살아 있는 사람 중에 가장 뛰어난 인물"이며, "일찍이 그 누구도 자신의 주제를 더 깊이 파고들어 자기가 정한 목표에 이보다 더 정확하고 완전하게 이르지는 못했다." 이를 위해 "필요한 것은 오직 성실성뿐"인데, "그것이야말로 가장 진실하고 순수한 것이다." (3권 2장)

---

[8] werden은 독일어로 '(어떤) 상태가 되다'라는 뜻의 동사이며, Werden은 '발달 과정'이나 '생성'을 뜻하는 명사이다. 지드는 werden을 언급했으나, 몽테뉴가 쓴 le passage에 맞는 단어라면 명사인 Werden이 적합할 것이다.

우리가 몽테뉴의 『수상록』을 읽으며 느끼는 큰 기쁨, 말하자면 우리가 문장 한 줄 한 줄마다 느끼는 그 기쁨은 그가 이 책을 쓰면서 느꼈을 큰 기쁨에서 비롯되었다고 생각한다. 세 권으로 이뤄진 『수상록』을 구성하는 모든 장 가운데 눈에 띄게 지루한 장이 하나 있는데, 단연 제일 길고, 그가 굉장히 공을 들여 쓴 「레이몽 스봉의 변명」이다. 몽테뉴는 아버지의 부탁을 받고 15세기 에스파냐의 철학자이자 프랑스 툴루즈대학에서 의학을 강의한 레이몽 스봉[9]의 저서 『자연 신학』을 공들여 번역했다. "번역 작업은 낯설고 새로운 일이었지만, 다행히 시간이 있기도 하고 세상에서 가장 훌륭하신 아버지의 말씀을 거역할 수 없었기에 나는 (가능한 한) 많은 시간을 들여 작업을 마무리했다." (2권 12장) 이 장이 몽테뉴가 첫 번째로 쓴 장이자 가장 유명하고 가장 자주 인용되는 장이다.

몽테뉴의 정신은 원체 두서없고 무질서한데, 여기서는 일종의 신조를 발전시키면서 자신의 일관되지 않은 회의주의에 뚜렷한 일관성을 부여하고자 했다. 하지만

---

9 바르셀로나 출신의 철학자로 툴루즈에서 신학 및 의학 교수로 재직했다.

정신을 너무 앞세우는 바람에 느린 흐름이라는 그만의 절묘한 매력과 우아함이 거의 다 사라져 버렸다. 몽테뉴가 어떤 목표를 향해 정신을 인도하고 있다는 느낌 때문인지, 우리들은 훗날 그의 정신이 미지의 길을 조심스럽게 모험하며 우연히 발견한 길가의 꽃을 따서 모을 때만큼 매료되지 않는다. 여기서 내가 강조하고 싶은 것은 저자가 쓰면서 기쁨을 느끼는 글, 어려움과 노력이 가장 적게 드러나는 글처럼 자연스럽게 완벽하고 아름다운 글은 없다는 점이다. 예술에서 '진지함'은 아무런 소용이 없으며 즐거움이야말로 가장 확실한 길잡이가 된다.

『수상록』의 장들을 구성하는 거의 모든 글에서 보이는 몽테뉴의 생각은 유동적이고 불확실하며 변화무쌍하면서 심지어 모순적이기도 해서 나중에는 굉장히 다양한 해석을 낳았다. 예를 들어 파스칼과 칸트 같은 작가들은 그에게서 기독교인을 보고자 하고, 에머슨 같은 이들은 회의주의의 전형을, 혹자는 볼테르보다 앞선 선구자의 모습을 보려고 한다. 샤를 오귀스탱 생트뵈브[10]는 『수

---

[10] 19세기 프랑스의 비평가.

상록』을 스피노자가 쓴 『에티카』의 예비 단계이자 전실(前室)이라고 보기까지 한다. 나는 생트뵈브의 이 말이 가장 진실에 가까운 것 같다. "자신을 기이하게 만들고 독특한 광기 덩어리로 환원하는 모습에서 그는 자신의 가장 은밀한 부분을 통해 우리 모두에게 감동을 주었고, 느긋하면서도 꾸준히 반복되는 꾸밈 없는 필치로 자신을 묘사하는 과정에서 영리하게도 인류 대부분의 모습을 그려냈으며, 그의 말처럼 '흔들리고 다양한' 자아를 면밀히 해부할수록 더 성공적이었다. 우리는 모두 몽테뉴에게서 자기의 모습을 발견한다."(『포르루아얄』[11] 3권 2장)

자신이 일관성 없고 모순적인 존재임을 받아들이는 데 성공했다는 점이 몽테뉴의 큰 장점을 보여주는 표식이라고 생각한다. 『수상록』 2권 서두에 나오는 다음의 문장은 경각심을 불러일으킨다. "스스로 인간의 여러 행동을 살피는 훈련을 하는 사람들은 그 행동들을 모아 하나의 광채로 만들어보려 할 때 더할 수 없는 어려움에 빠진다. 왜냐하면 그것들은 너무나 이상하게도 서로 모순되

---

11 생트뵈브의 대표작으로, 포르루아얄(Port-Royal) 수도원의 역사를 기술하며 17세기 프랑스 사회의 역사 전체를 총괄한 역사서.

는 일이 많아서 도무지 같은 곳에서 나온 것이라고는 볼 수 없기 때문이다." (2권 1장)

셰익스피어나 세르반테스, 라신 등 인간의 마음을 잘 이해한 작가 중 인간 존재의 덧없음을 잠깐이라도 엿보지 않은 이는 없다. 하지만 당연하게도 일단 고전 예술을 세우는 예비 작업으로서 일반적이며 명확하게 규정된 선상에 다소 기초적인 심리학을 확립할 필요가 있었다. 연인은 연인 노릇만 해야 하고, 구두쇠는 전적으로 구두쇠여야만 하며, 질투하는 사람은 온전히 질투하는 사람이어야 했기에 한 사람이 이런 특성들을 동시에 가지지 않도록 세심한 주의를 기울여야 했다. 몽테뉴는 그런 "훌륭한 작가들은 (그의 말은 그의 지인들에게보다는 그의 추종자에게 더 맞는 말인데) 보편적인 입장을 택하고 그 모습에 따라서 인물들의 행동을 정리하고 해석하는데, 그러다가 제대로 맞춰지지 않으면 그것들을 은폐하는 방법까지 고려한다"라고 이야기한다. (2권 1장) 그는 이렇게 덧붙인다. "아우구스투스 황제는 그들의 손아귀에서 벗어나 있다." 그의 이 발언은 약 1세기 후에 "우리 영혼에는 그(플루타르코스)가 놓친 구석이 있다. (……) 그는 인간을 너무 쉽게 판단해서 인간이 현재의 모습과 그리 다르지 않다고 생각했다. (……) 그는 모순이라고 생각되는 것을 외부 원인으로 돌린다. (……) 몽테뉴가 이를 훨씬 잘 이해했다"라고 말한 샤를 드 생테브르몽[12]의 어조와 닮았다.

그러나 몽테뉴는 생테브르몽과 달리 단순한 '일관성 부재' 그 이상을 보았던 것 같다. 이 발언에 가려져 있던 진짜 문제는 훨씬 후에 도스토옙스키와 프루스트에 의해 공격당했다. 어떤 이들은 "여기서 문제가 되는 것은 우리가 지금 토대로 삼고 살아가고 있는 인간이라는 개념"이라고 말한다. 그 개념은 프로이트 등에 의해 현재 파괴되는 과정 중에 있다. 아마도 몽테뉴와 관련하여 가장 놀라운 사실이자 우리에게 가장 직접 와닿는 사실은 의도와 상관없이 그가 인간성의 불확실한 경계와 자아의 불안정성을 조명했다는 점이다.

몽테뉴와 같은 시대를 살았던 사람들은 그 중요성을 판단할 안목이 없어서였는지 오늘날 우리에게 가장 와닿는 몇몇 구절들을 못 보았던 것 같다. 몽테뉴는 이젠

---

12 17세기 프랑스의 문학가.

우리의 관심을 끌지 않는 것에 대해 당시 사람들과 호기심을 공유했듯이, 그들의 무관심도 부분적으로 공유했던 것 같다. 몽테뉴가 오늘날 세상에 다시 살아 돌아온다면 아마 이렇게 말할지도 모르겠다. "여러분이 관심을 가질 만한 주제가 그것이라는 사실을 알았더라면 그 주제에 대해 훨씬 더 많은 얘기를 했을 것입니다." 그러면 그때는 대체 왜 그렇게 하지 않았나? 기분을 맞춰줘야 할 대상은 미래 시대의 사람들이 아니라 바로 당대 사람들이었기 때문이다. 그가 살았던 시대의 사람들이 비판했거나 간과했던 지점이 바로 저자가 시대를 뛰어넘어 오늘날의 우리와 소통하는 데 성공하는 지점인 경우가 종종 있다. 당대의 선입견 속에서 미래 세대가 관심을 가질 만한 것을 예견하려면 참으로 특별한 통찰력이 필요하다.

몽테뉴의 삶에서 사랑은 그다지 중요한 부분을 차지하지 않았고 오히려 관능이 더 큰 부분을 차지했던 것으로 보인다. 그는 별다른 열정 없이 결혼한 듯싶다. 좋은 남편이기는 하였으나 말년에는 이렇게 썼다. "마땅히 그리고 전적으로 아내와 함께하는 것보다야 성(性)을 무시하고 피하는 일이 더 쉽다."(2권 33장) 그가 꼭 그렇게 했다는 뜻은 아니다. 그는 여성을 낮게 평가했고 즐거움의 대상인 점을 제외하면 집안일이나 돌보는 존재로 생각했다. 나는 『수상록』에서 여성을 언급한 구절들을 모두 찾아본 적이 있는데, 모욕적이지 않은 구절이 하나도 없었다. 그런데 말년에 "양녀이자 부성애를 뛰어넘는 애정의 대상이며, 집과 외로움에 갇힌 내 삶의 가장 소중한 일부"라고 적은 마리 드 구르네는 이런 엄격한 잣대에서 예외였다. 심지어 그는 "세상에서 그녀보다 더 존경하는 것은 없다"라고 덧붙였다. 『수상록』의 저자에 대한 '과분한' 애정을 품게 되었을 때 그녀는 겨우 스무 살이었고 몽테뉴는 쉰네 살이었다. 마리 드 구르네의 정성과 헌신 덕분에 몽테뉴가 죽은 지 3년 후에 『수상록』의 세 번째이자 굉장히 중요한 판본(1595년)이 나올 수 있었다. 그녀가 훗날 가장 권위 있는 텍스트가 될 원고를 보존했기 때문에, 본질상 전적으로 정신적이었을 이런 상호 애착을 언급하지 않는다면 그녀에게 너무 섭섭한 일일 것이다.

몽테뉴는 자기 자식들이 "어릴 때 다 죽었다"라며 담담하게 말한다. (2권 8장) 오직 딸 한 명만이 이런 불운을 피했다. 그런데 이 연이은 사별이 그에게 큰 영향을 준 것 같지는 않다.

그러나 몽테뉴는 동정심이 없었던 것이 아니며 특히 소박하고 보잘것없는 사람들에게는 "내 안에서 무한히 솟아나는 강한 연민 때문에 (……) 기꺼이 더 낮은 계층의 사람들을 위해 헌신한다"라고 적었다. (3권 13장)

그러나 균형을 잡기 위해 그의 이성은 틀린 부분을 당장 바로잡기를 요구했다. "나는 타인의 괴로움을 보면 따뜻한 연민이 생기고, 어떤 상황에서든 눈물을 흘릴 수 있다면 같이 있는 사람들을 위해 좀 더 쉽게 눈물을 흘린다." (2권 11장) 훗날 라로슈푸코[13]는 니체의 유명한 "강해지자"라는 말을 예견한 듯 이렇게 얘기한다. "나는 연민을 잘 느끼지 못하는데, 잘 느낄 수 있기를 희망한다." 몽테뉴나 니체처럼 천성적으로 마음이 여린 사람들이 전하는 이런 말들은 내게 특별한 감동을 선사한다.

몽테뉴의 감상에 젖은 인생에서 우정만이 그의 작품에 흔적을 남겼다. 그보다 세 살 많았던 에티엔 드 라 보

---

13 17세기 프랑스의 귀족 출신 작가로 격언집인 『잠언집』이 유명하다.

에시[14]는 몽테뉴의 마음과 정신에 중요한 자리를 차지하며 그에게 많은 영감을 주었던 것 같다. 라 보에시는 『자발적 복종』이라는 단 한 권의 짧은 작품의 저자이기도 한데, 이 책만으로는 몽테뉴가 극찬했듯이 라 보에시를 "당대 최고의 인물"이라고 평가하기 어렵겠지만, 이 책은 훗날 『수상록』을 쓰게 될 몽테뉴가 관대하고 고귀한 이 인물에게 느낀 특별한 애착의 본질을 이해하는 데 큰 도움이 된다.

우리는 이 아름다운 우정이 몽테뉴에게 족쇄가 되지는 않았는지, 『수상록』의 관능적인 저자 몽테뉴가 만약 라 보에시를 만나지 않았다면 어땠을지, 그리고 무엇보다 라 보에시가 (서른세 살에) 요절하지 않고 친구인 몽테뉴에게 계속 영향을 끼쳤더라면 『수상록』은 어떻게 되었을지 궁금하지 않을 수 없다. 우리의 위대한 비평가 생트뵈브는 소(小) 플리니우스의 명언을 인용한다. "나는 내 생의 증인을 잃어버렸다. 나는 앞으로 더 부주의하게 살게 될까 두렵다." 이 '부주의하게'라는 말이야말로 우리

---
14 프랑스의 판사이자 작가. 몽테뉴와 함께 보르도 지방의회 의원을 지냈고 친구로서 몽테뉴에게 큰 영감을 주었다.

가 그토록 좋아하는 몽테뉴를 잘 설명해주는 말이다. 몽테뉴는 라 보에시의 눈앞에서 고대의 방식처럼 천을 몸에 둘러 감아 입었다. 영웅주의에 크게 매료되어 있었던 몽테뉴는 이 일에도 역시 진지하게 임했다. 그러나 그는 인위적인 사람을 좋아하지 않았고 시간이 갈수록 더 안 좋아하게 되었는데, 나중에는 그 깊이가 깊어질수록 점점 편협해지지는 않을지 걱정할 정도였다.

라 보에시는 몽테뉴에게 바치는 라틴어 시에서 이렇게 이야기한다. "그대여, 그대가 임해야 할 싸움이 좀 더 있다네. 남아 있는 악덕과 미덕 모두에 똑같이 마음이 쏠리는 우리의 친구여." 라 보에시가 세상을 떠난 후 몽테뉴는 그 싸움에서도 점점 물러났고, 철학은 물론 타고난 성향에서도 그만큼 뒤로 물러났다. 그는 도덕, 재산, 관습 그리고 그가 편견이라 부르는 것에 의해 인위적으로 힘들게 논쟁을 통해 얻어낸 인간성, 혹은 비인간성을 가장 싫어한다. 그의 눈에는 마치 이 모든 것들이 방해하고 은폐하고 왜곡하는 진정한 자아야말로 일종의 신비로운 가치를 지니는 것으로 보였다. 그는 진정한 자아에서 어떤 놀라운 계시라도 기대하는 것 같았다. 물론 나는 여기서 말장난하거나, 혹은 몽테뉴의 가르침 중에서 오직 자연에 기대고 맹목적으로 본능을 따르며 가장 사악한 것을 우선시하라는 조언만을 보는 일이 얼마나 쉬운지 잘 알고 있다. 사악한 것은 언제나 진실하게, 다시 말해 자연스럽게 보이고, 고귀한 열정이 그것을 뒤흔들어놓을 때조차도 그 밀도와 두께로 인해 변함없이 수용자의 마음 밑바닥에서 발견되고는 한다. 하지만 몽테뉴를 오해해서는 안 된다. 그는 비록 인간이 동물과 공유하는 본능을 너그럽게 허용했지만, 일어서기 위해 본능을 떨쳐버리는 법을 아는 사람이었기에 본능의 노예나 희생자가 되지 않을 수 있었다.

이런 생각을 가진 몽테뉴였기에 후회하고 회개할 마음이 거의 없었던 건 당연하다. 그는 1588년에 이렇게 썼다. "나는 처음으로 책을 출간한 후로 여덟 살이나 더 나이를 먹었다. 그러나 한 치라도 더 성장했는지는 의문이 든다."(3권 9장) 그리고 덧붙인다. "나는 내 자신이 연루된 무질서와 과도함을 그 가치에 따라 마음으로 꾸짖었다. 하지만 그게 전부다."(2권 11장) 『수상록』 마지막 부분에서는 이런 고백이 자주 등장하는데, 일부 사람들은 다음의 글에 분노하기도 했다. "나는 다시 살게 되더라도 지금껏 살아온 것처럼 살 것이다. 나는 과거를 한탄하지 않으며 앞으로 올 일을 두려워하지도 않는다."(3권 2장) 이런 선언은 분명 기독교적이라고 할 수 없다. 몽테뉴는 기독교 정신을 언급할 때마다 이상하게도 (때로는 악의적이라고 할 수 있을 정도로) 무례한 태도를 보인다. 그는 가끔 종교라는 주제를 다룰 때가 있지만 그리스도는 전혀 언급하지 않았고 한 번도 그리스도의 말을 인용한 적이 없다. 이런 이유로 혹자는 그가 과연 한 번이라도 복음서를 읽은 적이 있는지 의심할 정도였다. 아니, 오히려 그가 복음서를 진지하게 읽은 적이 없다는 데에는 의심의 여지가 없다. 그는 확실히 가톨릭 신앙에 대해서는 신중한 태도를 보인다. (1572년 성 바르톨로메오 축일에 프랑스 왕국 전역에서 벌어진 개신교도 학살 사건을 기억하라.[15]) 그에게 (1536년에 사망한) 데시데리위스 에라스뮈스[16]의 사례는 일종의 경고

---

15 1572년 8월 24일부터 10월까지 파리에서 가톨릭 세력은 개신교 신자였던 위그노들에 대해 대학살을 자행했다. 학살이 시작된 8월 24일이 바르톨로메오의 축일이었기 때문에 성 바르톨로메오 축일의 학살이라고 부른다.
16 네덜란드 태생의 가톨릭 성직자이자 『우신예찬』으로 유명한 인문주의자로 종교개혁의 실마리를 제공했다.

였지만 에라스뮈스가 자신의 의견을 철회할 생각이 전혀 없었음은 쉽게 이해할 수 있다. 에라스뮈스는 철회문을 쓰겠다고 교회에 약속해야 했지만 실제로는 쓰지 않았다. 이런 종류의 약속조차 귀찮은 일이다. 차라리 눈치 빠르게 대처하는 편이 훨씬 낫다.

『수상록』의 1582년 판본과 1595년 판본에는 「기도에 대하여」라는 장에 화해와 관련된 다양한 내용이 추가되었다. 1581년에 그는 이탈리아를 여행하는 동안 지금 우리가 사용하는 표준 달력인 그레고리력의 창시자인 교황 그레고리오 13세에게 자신의 책을 선물했다. 교황은 그를 칭송하면서도 약간의 의구심을 표했고, 훗날 몽테뉴는 『수상록』에 이런 내용을 담은 구절을 추가했다. 몽테뉴는 추가한 구절뿐만 아니라 다른 여러 구절에서 자신은 완벽하게 정통 신앙을 따르며 교회에 복종한다는 점을 지나칠 정도로 여러 번 강조한다. 당시 교회는 실제로 매우 수용적인 모습을 보이며 르네상스의 문화적 발전을 지지했다. 에라스뮈스는 무신론자라는 비난 때문에 그의 책은 금서목록에 올랐으나 그 자신은 추기경 자리를 제안받기도 했다. 마키아벨리의 저서는 지극히 비

종교적이었지만 교황 클레멘스 7세의 '교서' 덕분에 로마에서 출간되었다. 이와 같은 가톨릭교회 측의 관용과 융통성은 종교개혁의 위대한 지도자들을 자극하여 그들의 비타협적인 태도를 강화하였다.

몽테뉴는 가톨릭과 타협했으나 개신교와는 그렇지 않았다. 그는 유사성을 충족하는 종교라면 받아들였다. 몽테뉴가 귀족에 대해 쓴 다음의 글은 그의 마음속에서 고위 성직자에게 그대로 적용되었다. "마음의 성향과 굴종을 제외한 모든 성향과 굴종은 그들을 향한다. 나의 이성은 그렇지 않지만, 나의 무릎은 굽힐 수 있도록 만들어졌다." (3권 8장)

한발 더 나아가 자신의 책을 보호하기 위해 몽테뉴는 신실한 기독교도들의 마음에 경각심을 불러일으킬 만한 부분에는 그가 썼다고 인식하기 힘들 정도로 그들을 안심시킬 구절을 집어넣어야겠다고 생각했다. "또 다른 삶의 유일한 목적인 축복받은 불멸은 우리가 이 삶의 쾌락과 편의를 버릴 만한 가치가 있다." (1권 39장) (원고 상태로 남겨져 있다가 그의 사후에야 출간된) 이 구절과 여러 유사한 구절들은 마치 수많은 피뢰침처럼, 좀 더 좋게 말하면 다

마신 위스키병에 붙이는 레모네이드나 진저에일 표딱지처럼 그의 책에 끼워져 있는 듯하다. 실제로 피뢰침 같은 구절이 끝나고 몇 줄 뒤에는 이런 글이 등장한다. "우리는 이 삶의 기쁨들을 필사적으로 붙잡아야 한다. 어차피 세월이 하나하나 앗아갈 테니."

초판에 나오는 이 구절은 후에 추가된 글들이 가리지 못한 부분으로, "모든 위조의 철천지원수"(1권 39장)인 몽테뉴의 진면목을 보여준다. 이런 조심스러운 수정이 있었기에 우리가 몽테뉴의 글을 온전히 읽을 수 있게 되었다고 생각한다. 그렇지 않았다면 나는 이 부분에서 분노했을지도 모른다. 생트뵈브는 그를 제대로 알아보고 이렇게 말한다. "그는 기독교인이 아니었다는 점을 제외하면 매우 훌륭한 가톨릭 신자로 보였을 것이다." 그러니까 우리는 몽테뉴가 율리아누스 황제에 대해 한 말을 그에게도 할 수 있을 것이다. "종교에 관해서라면 그는 모든 면에서 악랄했다. 그는 우리의 종교를 파기했기 때문에 배교자라는 별명을 얻었다. 그렇지만 그는 가톨릭 교리를 마음 깊이 새긴 적이 없었고, 그보다는 법률에 복종하느라 제국의 통치권을 수중에 넣을 때까지 종교를 믿는 척하고 있었다는 의견이 더 그럴듯해 보인다."(2권 19장) 나중에 교황 마르켈리누스를 인용하며 다시 한번 율리아누스 황제를 언급한다. "그는 마음속으로 이교를 품고 있었으나 자신을 따르는 군인들이 모두 기독교도였기 때문에 감히 그것을 드러낼 엄두를 내지 못하였다."(2권 19장)

그가 가톨릭 신앙에서 좋아하고 감탄하며 칭송한 부분은 그 질서와 고풍스러운 분위기였다. "지금 프랑스를 내전으로 몰아넣은 이 논쟁에서 최선이자 가장 안전한 쪽은 의심할 여지 없이 나라의 옛 종교와 정부를 지지하는 당파이다."(2권 19장) "모든 격변과 혁신은 한 나라를 짓밟아 병들게 하며 심하게 뒤흔든다." 그리고 "가장 오래되고 잘 알려진 악행이 경험하지 못한 새로운 악행보다는 훨씬 견딜 만하다."(3권 9장) 몽테뉴가 복음서에 무지했고 개신교 개혁가들을 혐오했다는 사실은 다른 설명이 더 필요 없을 정도로 확실하다. 그는 교회의 종교이자 프랑스의 국교인 가톨릭을 그 상태 그대로 유지하길 원했는데, 가톨릭이 유일하게 좋은 종교라고 생각해서가 아니라 다른 종교로 바꾸면 좋지 않을 것으로 생각했기 때문이다.

마찬가지로 우리는 몽테뉴의 삶과 글을 통해 그가 질서와 절제를 사랑했고, 공익에 관심이 많았으며, 자신의 개인적 이익이 모든 이의 이익보다 우선하지 않도록 노력했다는 점을 알 수 있다. 하지만 그는 판단의 정직성 그리고 그 정직성의 유지가 다른 어떤 고려 사항보다 더 가치 있고 우선해야 한다고 믿었다. "내 믿음과 양심을 억지로 그들 손에 맡기느니, 차라리 모든 일을 망가뜨리는 쪽을 택하겠다."(2권 17장) 나는 그가 과장해서 떠벌리는 건 아닌지 의심하기보다는 이 말의 진실성을 믿겠다. 이런 발언은 복종과 비겁한 수용이라는 대중의 본능을 넘어 양심의 진실성을 지키고 독립과 자율을 유지하는 사람들이 있어야 했던 몽테뉴의 시대에도 중요했고 오늘날에도 귀 기울여 들을 만한 가치가 있다. "모든 보편적 판단은 약하고 느슨하며 위험하다."(3권 8장) 다시 말하자면 "명령, 체계, 규율에 따라 행동하는 것만큼 나약하고 어리석은 삶의 방식은 없다."(3권 13장) 『수상록』에는 이런 구절이 많이 등장하는데, 특히 오늘날에는 더 중요해 보이니 한 구절만 더 인용하고자 한다. "공공의 선을 위해서는 배신하고, 속이고, 학살하는 사람도 있어야 한다."(그리고, 아! 훗날 몽테뉴는 다음의 내용을 덧붙이지 않을 수 없었다.) "이런 사명은 더 고분고분하고 복종적인 사람들에게 맡겨두자."(3권 1장)

그가 판사를 그만둘 때도 그랬고, 이후에 오로지 혼자만의 시간을 갖고자 보르도 시장직을 사임했을 때도 마찬가지로, 그는 『수상록』 집필이 국가에 그리고 덧붙이자면 인류에 기여하는 가장 위대한 봉사가 되리라고 제대로 판단했다. 몽테뉴에게는 인류라는 관념이 국가보다 훨씬 앞섰다는 것을 확인할 수 있다. 그는 "프랑스의 영광이며 전 세계에서 가장 고귀하고 뛰어난 장식물"이자 "너무도 사랑스러워서 그 결점과 흠집까지 소중한 도시"(3권 9장) 파리에 대한 아낌없는 찬사를 보낸 후에 자신이 품은 인류애가 그것보다 더 크다는 말을 빼놓지 않는다. (……) "나는 모든 사람을 우리나라 사람처럼 존중한다. 지역이라는 자연의 연대보다는 보편적이고 공통적인 연대가 앞선다고 보기에, 폴란드 사람을 프랑스 사람처럼 친근하게 끌어안는다."(3권 9장) 그리고 이어서 이렇게 덧붙인다. "오롯이 우리 스스로 맺은 우정은 풍토와 혈연의 공동체가 이끌어 맺은 우정보다 더 강하다. 대자연은 우리를 속박 없이 자유로운 상태에서 세상을 살도록 하였다. 그러나, 마치 페르시아의 왕들이 그들의 강 코아스페스의 물 외에는 절대로 다른 물을 마시지 못하게 하여 어리석게도 모든 다른 물을 마실 합법적인 권리를 포기한 채 그 강만 남기고 세상의 다른 강들을 모두 말려버렸던 것처럼 우리는 스스로 우리 자신을 특정 지역들에 가두고 있다." (3권 9장)

"우리 각자는 필연적이다.

우리 각자는 한계가 없다.

우리 각자는 지구에 대한 권리가 있다."

월트 휘트먼[17]은 이처럼 노래했다. (아! 몽테뉴가 이 시를 들었다면 참 좋아했을 텐데. 사람이라는 주제에 대해 그토록 부끄럼 없이 영혼과 육체를 대립시키지 않으면서 육체가 당연히 누려야 할 건강한 쾌락을 주장한 몽테뉴가 저속하면서도 근사하게 육체의 아름다움과

---

17   미국의 시인이자 수필가. '자유시의 아버지'라 불리며 미국 문학에서 가장 영향력 있는 작가 중 한 명이다.

강렬한 기쁨을 노래한 휘트먼의 시를 들었다면 얼마나 기뻐했을까!)

몽테뉴 얘기를 하자면 끝이 없다. 그는 정해진 순서나 체계 없이 세상 모든 일을 이야기하기 때문에, 『수상록』을 읽지 않을 사람은 있을지 몰라도 거기에서 자신이 좋아하는 내용을 찾지 못할 사람은 없을 것이다. 저자를 배반했다는 비난을 받지 않고도 이처럼 쉽게 왜곡할 수 있는 작가가 몽테뉴 외에 또 있을까? 몽테뉴 자신이 스스로 본보기를 보이며 끊임없이 모순되는 말을 하고 자신을 배반했으니 말이다. "사실 (이런 고백이 조금도 두렵지 않지만) 나는 필요하다면 얼마든지 촛불 하나는 성 미카엘에게 바치고 또 하나는 그의 용에게 바칠 수 있다."(3권 1장) 이것은 미카엘보다 용을 기쁘게 하려는 행동인 것이 틀림없다.[18] 사실 몽테뉴는 당파주의자들에게 사랑받지 못했고 그 역시도 그들을 사랑하지 않았다. 이런 이유 때문인지 가장 격렬한 파벌로 인해 둘로 찢어진 프랑스에서 그는 사후에 그리 인기를 누리지 못했다. 1595년(몽테뉴는 1592년에 죽었다)부터 1635년까지 『수상록』은 서너 차례밖

---

[18] 미카엘은 구약 성경에 등장하는 대천사이며 용으로 화한 사탄과 싸움을 벌인다.

에 개정판이 나오지 않았다. 몽테뉴가 프랑스에서 비호감이거나 비인기 작가였던 반면, 같은 시기에 이탈리아, 에스파냐, 특히 영국 같은 외국에서는 인기가 높았다. 베이컨의 『수상록』과 셰익스피어의 희곡들에는 몽테뉴의 영향을 받은 흔적이 분명하게 드러난다.

    대영박물관에는 플로리오가 영어로 번역한 몽테뉴의 『수상록』이 전시되어 있는데, 거기에 『햄릿』의 저자[19]가 남긴 보기 드문 서명이 남아 있다. 영국 평론가들이 몽테뉴 철학의 흔적을 발견해낸 희곡이 바로 『햄릿』이다. 이 저자는 또한 희곡 『템페스트』 2막에서 등장인물인 곤잘로의 대사를 이렇게 적었다.

"제가 만일 이 섬을 식민지로 개척하게 된다면 (……)

그래서 제가 그곳의 왕이라면 무엇을 할까요? (……)

그 나라에선 무엇이든지 지금과는 반대로 하겠습니다.

어떤 상거래도 허락하지 않고,

관리도 임명하지 않을 겁니다.

---

19   셰익스피어.

학문도 알려주지 않을 테고, 빈부도 없고,

주종관계도 없겠죠. 계약도 상속도,

경계, 토지 구획, 경작지, 포도밭도 없고요. (……)

직업도 없어서 남자들은 모두 빈둥거리고,

여자들도 역시 그럴 테지만 무구하고 순수하겠죠.

왕권도 없을 겁니다. (……)

공용의 필수품은 땀 흘려 노력하지 않아도

대자연이 제공해주겠죠.

반역이나 중죄도 없고, 창검과 총,

그 어떤 기계 장치도 필요 없습니다.

그런데도 대자연이 저절로

무엇이든 풍요롭게 만들어내어

저의 무구한 백성들을 먹여 살릴 거예요."

『템페스트』 2막 1장

    이 구절은 실제로 『수상록』의 내용을 일부 번역한 것이거나 혹은 다음에 이어지는 글에서 발췌한 내용을 볼 수 있는 어떤 장에서 영감을 얻은 것이다. '식인종'이 제목으로 쓰인 장에서 몽테뉴가 말한 내용들은 이제 막 발견되어 유럽이 열광의 시선으로 바라보던 신세계를 주제로 삼았기 때문에 특히 미국인들의 관심을 끌 것이다. 무수한 환상들이 모여 이 먼 나라들의 명성을 만들었다는 것은 별로 중요하지 않다. 몽테뉴는 그곳의 주민들, 그들의 생활 방식과 관습의 순수함을 묘사하며 기쁨을 느꼈는데, 이는 2세기 후 디드로가 구세계의 방식에 경종을 울릴 목적으로 타히티 사람들의 방식을 묘사한 것과 같다.[20] 두 사람 모두 행복한 사람이라는 유일한 사례를 통해 인류 전체가 어떤 교훈과 지침을 얻을 수 있는지 이해한다.

기독교 정신에서 멀어져 있던 몽테뉴의 모습은 후세에 등장하는 괴테와 가깝다. "나는 신께서 기쁜 마음으로 우리에게 부여하신 인생을 사랑하고 소중히 여긴다. (……) 자연은 온화한 안내자이지만 온화함 이상으로 신중하고 정의롭다."(3권 13장) 괴테라면 분명히 『수상록』의 거의 마지막 부분에 나오는 이 문장을 기꺼이 받아들

---

[20] 『백과전서』로 잘 알려진 디드로는 『부갱빌 여행기 부록 혹은 A와 B의 대화』에서 타히티 원주민들이 가진 삶의 태도를 보여주며 서구 기독교 사회의 문제점을 지적했다.

였을 것이다. 이 부분이 몽테뉴가 전하는 지혜의 마지막 꽃이다. 그중 하나도 쓸모없는 말이 없다. 그는 그토록 조심스럽게도 삶을 사랑한다는 선언에 신중, 정의, 문화라는 개념을 덧붙였다.

특히 몽테뉴가 우리에게 가르쳐주는 것은 한참 뒤에 '자유주의'라고 불리게 될 것으로, 이것이야말로 정치적·종교적 신념 때문에 모든 이들이 비참하게 분열하고 반목하는 지금 시대에 그에게서 얻을 수 있는 가장 현명한 교훈이다. "우리나라가 겪고 있는 지금의 내전 속에서 나는 나의 이익 때문에 적들이 가진 칭송할 만한 장점을 보지 못하거나 내가 따르는 쪽의 비난받을 만한 점에 눈감지 않는다."(3권 10장) 그는 곧이어 이렇게 덧붙인다. "훌륭한 연사라면 나의 뜻과 반대되는 연설을 한다고 하더라도 품위를 잃지 않는다." 이 훌륭한 글을 좀 더 읽어보면 다음과 같은 문장이 등장한다. "그들은 (……) 우리의 신념과 판단이 진실에 봉사하지 않고 욕망의 기획에 봉사하기를 바란다. 나는 차라리 다른 쪽 극단으로 가는 잘못을 저질러야 할 만큼 내가 욕망에 사로잡힐까 두렵다. 나는 내가 욕망하는 것은 일단 무엇이든 약간이라도 의심을 해보는 편이다."(3권 10장) 일반적으로 정신과 영혼의 이러한 자질들이 경시되는 이 시대에는 오히려 이런 자질들이 더욱 필요하고 더 도움이 될 것이다.

다른 사람들의 의견에 귀 기울이고 심지어 자신의 의견보다도 다른 사람들의 의견을 우선시할 정도로 지지하는 이런 드물고 특별한 성향 때문에 그는 훗날 니체가 걸었던 그토록 먼 길까지는 모험을 떠나지 않았다. 벗어나고 싶지 않은 보호막 같은 그의 타고난 신중함이 그를 붙잡았다. 사막 지역이나 공기가 희박한 지역도 꺼렸다. 하지만 호기심은 끊임없이 생겨났고 사고의 영역에서는 그가 여행할 때 그랬던 것처럼 습관적으로 행동했다. 그와 동행했던 비서는 자신의 일기에 다음과 같이 적었다. "그가 피곤해하지 않은 모습을 본 적이 없고, 아프다고 불평하는 소리를 듣지 않은 적이 없다. (몽테뉴는 이 당시 신장결석을 앓고 있었지만 그럼에도 하루에 몇 시간씩 말을 타고는 했다.) 그의 마음은 길 위에서든 쉬는 곳에서든 한결같아서, 어떤 만남이든 간절히 원했으며 낯선 이들과 대화할 기회를 엿보았는데, 내 생각에 그런 덕분에 그가 통증을 잊을 수 있었던 것 같다." 비서는 몽테뉴가 "미지의 장소를 배회하는 것 외에는 아무런 계획이 없었고", 더 나아가 "여행하는 것이 너무 좋아서 쉬어야 할 곳 근처도 가려고 하지 않았다"라고 적었다. 게다가 "몽테뉴는 밤새 뒤척이다가도 아침에 새로 방문할 도시나 나라가 떠오르면 기운을 차리고 재빨리 일어나고는 한다"고 말했다.

몽테뉴 자신은 『수상록』에서 이렇게 말한다. "글자 그대로 받아들이면 이런 여행의 즐거움이 결국 불안과 망설임의 증거라는 점을 잘 알고 있다. 사실, 이 두 가지가 우리를 지배하는 주된 기질들이다. 그래, 솔직히 고백하건대, 나는 꿈이나 소망 외에는 나를 어디에 붙들어 매어두어야 할지 알 수 없다. 그저 다양성만이 그리고 차이점을 알게 된다는 점만이 그나마 만족이라면 만족이라 할 수 있겠다." (3권 9장)

몽테뉴는 쉰 살 가까이 되었을 때 남부 독일과 이탈리아를 가로지르는 생애 첫 번째이자 유일한 장기 여행을 떠난다. 이 여행은 17개월 동안 계속되었는데, 그는 여행 도중에 예상치 못하게 보르도 시장으로 선출되어 프랑스로 돌아와야 했다. 그렇지 않았더라면 그가 이 여행에서 느낀 지극한 즐거움을 생각하면 여행 기간은 더 길어졌을 것이다. 이때부터 그를 서둘러 여행길에 오르게 했던 그 고상한 호기심은 사상 쪽으로 방향을 틀었다.

연이어 출간된 『수상록』 판본을 따라가며 죽음에 대한 그의 태도 변화를 살펴보는 것은 매우 유익한 일이다. 그는 『수상록』 1권의 한 장에 「철학을 한다는 것은 죽는 법을 배우는 것이다」라는 제목을 달았고 거기에 이런 내용을 적었다. "내 일생에서 가장 방탕한 시기에도 죽음을 상상하는 일보다 더 재미있는 건 없었다."(1권 20장) 그는 이런 상상이 버릇이 되면 죽음에 대한 공포가 줄어든다고 생각했다. 『수상록』의 마지막 판본에서는 이런 말을 하기에 이른다. "지금 나는 신의 자비로 다행히도 (……) 신께서 부르시면 언제라도 세속에 대한 후회나 미련 없이 떠날 준비가 되어 있다. 나는 모든 인연에서 홀가분해졌다. 나는 곧 나 자신을 제외한 모든 친구에게 작별 인사를 할 것이다. 이보다 더 단순하고 완벽하게 세상을 떠날 준비를 한 사람은 없으며, 내가 다짐한 것 이상으로 세상에서 벗어난 사람도 없다. (……) 죽음 때문에 나는 어떤 새로운 것도 생각할 수 없다."(1권 20장) 그는 자연스러운 것이라면 무엇이든 좋아하기에 죽음도 사랑하게 되었다.

몽테뉴는 매우 기독교도다운 죽음을 맞았다고 전해진다. 그러나 그가 살아온 길은 전혀 그렇지 않다고 말할 수 있다. 대개 그렇듯 그의 마지막 순간을 지켰던 아내와 딸은 안쓰러운 마음에 "세상에서 물러나 조용히 지낸 내 삶에 어울리게, 고요하고 외로우며 온전히 나만의 것인 죽음"이 아니라 그의 방식보다 경건한 죽음을 맞도록 했던 것이 분명하다. 그는 이것을 예감하고 이렇게 썼던 걸까? "선택해야 한다면 나는 침대 위가 아니라 가족이나 친구들과 멀리 떨어져 집 밖에서 말을 타고 가다가 죽는 편이 낫겠다고 생각한다." (3권 9장)

만일 내가 몽테뉴의 생각을 너무 단호하게 해석했다는 비난을 받는다면, 나는 그동안 몽테뉴 해설가들이 그의 생각을 뭉뚱그리기에 바빴었다고 반박하겠다. 나는 그저 그들이 씌워놓은 포장을 벗겨내고, 때로 『수상록』의 기지 넘치는 글들의 이해를 방해하는 숨 막히는 충전재를 걷어냈을 뿐이다. 교육학자들은 고전의 반열에 오른 대담한 저자를 마주하면 거슬리지 않도록 순화하는 작업에 몰두하는데, 나는 왜 수년에 걸쳐 쓴 작품이 자연스럽게 이런 작업에 포함되어야 하는지 의문일 때가 많다. 조금만 시간이 지나도 새로운 생각의 날카로움은 닳아 없어지고, 우리는 점점 그런 생각에 익숙해지면서 상처에 대한 두려움 없이 그 생각을 다룰 수 있게 된다.

몽테뉴는 이탈리아를 여행하면서 고대 로마의 높은 건축물들이 쓰레기 더미에 반쯤 묻혀 있는 광경을 보고 놀랄 때가 많았다. 건축물의 꼭대기가 가장 먼저 무너졌고, 그 파편들은 흩어져 주변 땅에 점점 쌓여 올라왔다. 우리 시대에 그렇게 높이 솟은 건축물이 없는 것처럼 보인다고 한다면, 그것은 우리가 건축물에서 그 정도로 먼 아래에 서 있지 않기 때문이다.

앙드레 지드

* 앙드레 지드가 쓴 원본에 충실하여 『수상록』 출처 표기가 없는 부분은 그대로 두었습니다.

The living thoughts of
Montaigne

2부

앙드레 지드가 선별한 몽테뉴 사상의 핵심 『수상록』

독자에게 전하는 말

이 책은 진실을 담은 책이다. 미리 말해두지만, 나는 사소한 일상과 개인적인 일들을 이야기하려는 것일 뿐, 그 외의 다른 목적은 없다. 절대로 여러분에게 도움을 주려거나 혹은 내 자신의 영광을 도모하고자 쓴 책이 아니다. 그런 일들은 나의 능력을 벗어나는 것이기 때문이다. 나는 내 친족과 친구들이 (머지않아 그럴 테지만) 나를 잃고 난 후에 이 책에서 내 성향이나 기질의 특징들을 발견하고 나에 대한 기억을 온전하고 생생하게 간직할 수 있기를 바란다. 만일 세상 사람들의 찬사를 받고자 했다면, 나는 나를 근사하게 꾸미거나 좀 더 조심스럽게 써서 내보였을 것이다. 아무런 꾸밈이나 변형 없이 자연스럽고 평범한 나의 모습을 독자들이 보았으면 좋겠다. 여기에서 내가 묘사하는 것이 바로 나 자신이기 때문이다. 내 결점들이 생생하게 드러나겠지만, 대중의 마음을 해치지 않는 범위 내에서 타고난 나의 모습을 있는 그대로 내놓는다. 만일 대자연이 준 태초의 법칙 아래에서 달콤한 자유를 누리며 살아가는 다른 민족들 속에서 살고 있었다면, 나는 기꺼이 나 자신을 완전히 적나라하게 묘사했을 것이다.

그러니 너그러운 독자여, 나 자신이 바로 이 책의 소재이다. 이토록 하찮고 무익한 주제에 당신의 시간을 허비하는 것은 이성적인 행동이 아니다.

그러면 이만 안녕히.

1580년 3월 1일 몽테뉴

『수상록』을 쓰게 된 배경

　최근에 나는 공직에서 물러나 다른 일에는 신경 쓰지 않고 얼마 남지 않은 생을 조용히 지내고자 은둔 생활을 결심했다. 한껏 게으름을 피우며 좋아하는 일만 하면서 지낸다니 나의 정신을 위해서는 이보다 더 좋은 것이 없겠다는 생각이 들었다. 시간이 지날수록 나의 정신이 무게를 더하고 원숙해지면 좀 더 쉽게 이런 상태에 도달할 수 있으리라고 기대했었다. 그런데 어찌 된 일인지 정신은 고삐 풀린 말처럼 오히려 남의 일보다 자기 일이라면 백배는 더 마음을 쓰게 된다는 사실을 알게 되었다. 또한 내 정신은 순서도 없고 맥락도 없이, 수많은 망상이나 기괴한 괴물들을 계속해서 만들어내고 있었다.

　그리하여 나는 그 어처구니없고 괴이한 모습을 관찰하기 위해 그리고 언젠가 때가 되면 나의 정신이 그것들을 보고 스스로 부끄럽게 여기기를 기대하면서 종이에 적기 시작했다.

1권 8장 「게으름에 대하여」

죽음에 대한 고찰

 죽음은 우리 생애의 종점이자 우리가 필연적으로 향하는 목표이다. 만일 죽음이 두렵기만 하다면 어떻게 고통 없이 한 걸음이라도 나아갈 수 있겠는가? 죽음에 대한 대중의 치료법은 아예 죽음을 생각하지 않는 것이다. 그러나 그렇게 죽음을 못 본 척하는 것은 얼마나 바보 같고 어리석은 짓인가? (……)

 그런데 죽음이 그런 식으로 다가올 것이라고 생각한다면 오산이다. 사람들은 왔다 갔다 뛰기도 하고 춤도 추지만, 죽음에 대해서는 한마디도 하지 않는다. 물론 이 모든 게 좋은 활동이기는 하다. 그렇지만 어느 순간에 갑자기 그들에게, 그들의 아내에게, 아이들에게, 혹은 친구들에게 죽음이 닥쳐오면 얼마나 큰 고통과 절규, 광란과 절망에 짓눌리겠는가? 사람들이 이토록 힘들어하고 돌변하며 심란해지는 경우를 본 적이 있는가? 우리는 미리 죽음을 대비하고 있어야만 한다.

 또한 (그럴 일은 없으리라고 생각하지만) 이런 우둔한 부주의가 분별력 있는 사람의 머릿속에 깃들인다면 죽음에 대해 치러야 할 대가가 너무나 혹독하다. 죽음이 피할 수 있는 적이라면 비겁함이라는 무기를 사용하라고 말해주고 싶으나 그럴 수도 없는 노릇이고, 겁쟁이처럼 도망치든 용맹하게 저항하든 죽음은 불시에 당신에게 닥쳐올 것이다. (……) 어떤 갑옷으로도 막아내지 못하니 (……) 차라리 당당히 서서 결연한 마음으로 죽음에 맞서 싸우는 법을 배우자. (……) 이에 더해, 대자연도 우리에게 손을 내밀어 용기를 북돋아준다. 갑작스럽고 격렬한 죽음이라면 두려워할 겨를도 없을 것이고, 그런 죽음이 아니라면 병이 깊어질수록 점점 더 삶을 경멸하게 될 것이다.

  나는 열병에 걸려 괴로워할 때보다 오히려 건강할 때 죽음에 대한 결의를 다지기가 더 어렵다는 사실을 깨달았다. 인생의 목적과 기쁨을 잃기 시작하면서 나는 더 이상 삶에 크게 집착하지 않고 덤덤한 눈으로 죽음을 바라볼 수 있게 되었다. 그렇기에 삶에서 멀어지고 죽음과 가까워질수록 삶과 죽음의 교환을 좀 더 쉽게 받아들이게 되리라 희망한다. 카이사르가 언급했듯이 때로는 가까이에서 볼 때보다 멀리서 볼 때 더 크게 느껴진다는 이야기를 경험으로 체감했다. 병에 걸렸을 때보다 완벽하게 건강한 상태일 때 오히려 병에 대한 두려움이 크게 느껴졌다. 지금 느끼는 환희, 기쁨, 활기로 인해 그 반대에 있는 고통은 상대적으로 너무 작게 보였다. 따라서 나는 실제로 어깨를 짓누르는 고통을 상상 속에서는 1.5배로 부풀려서 더 무겁고 더 힘든 것으로 받아들였다. 나는 죽음도 역시 이와 같기를 바란다. (……)

너무 먼 앞을 내다보려 하거나, 혹은 적어도 그 결말을 보려는 의도를 품고 있으면 안 된다. 우리는 모두 활동하기 위해 이 세상에 온 것이다.

나는 사람들이 가능한 한 오래도록 활동하며 생업을 영위하기를 바란다. 또한 양배추를 심고 있을 때 죽음이 나를 찾아와도 아무렇지 않고, 그 일을 미처 끝맺지 못한 것에도 더욱더 아무렇지 않았으면 좋겠다.

1권 20장 「철학을 한다는 것은 죽는 법을 배우는 것이다」

관습에 대하여

우리는 의식이라고 하는 것이 본성에서 나왔다고 말하지만, 사실은 관습에서 나온 것이다. 사람들은 주위에서 인정한 의견과 통용되는 관습을 존중하고 경배하기 때문에, 관습을 따르지 않으면 후회하게 되고 관습을 따르면 갈채를 받는다. (……) 관습의 힘이 우리에게 미치는 영향력은 엄청나다. 관습이 우리를 너무나 강하게 사로잡고 옭아매기 때문에 우리가 관습을 이성적으로 고찰하고자 해도 그 손아귀에서 벗어나 자신으로 되돌아오는 일은 불가능에 가깝다.

사실상 우리는 태어나면서부터 젖을 빨듯 관습이 몸에 배어 있고, 따라서 우리 눈에는 세상의 모습 자체가 관습이라는 형태로 보이기 때문에 우리는 마치 이러한 관습을 따르기 위해 세상에 태어난 듯 생각되기도 한다. 또한 우리의 조상들이 씨를 뿌려 우리 영혼에 스며들어 있는 공통의 상상력은 보편적이면서 정상적인 것으로 보인다. 그렇다 보니 우리는 관습의 범위를 벗어난 것이라면 이성의 범위를 벗어난 것으로 여기고는 하는데, 이런 것들이 얼마나 비합리적인지는 오직 신만이 아시리라. (……)

그런데 사람들은 진실한 충고와 가르침을 자신이 아니라 대중을 향한 것으로 받아들이며, 대부분은 그것들을 자기의 행동이 아니라 헛되고 어리석게도 자신의 기억에 반영한다. 이제 관습의 지배로 되돌아가자. 자유와 자치를 경험한 이들은 그 외의 모든 형태의 정부를 관습 때문에 반하는 괴상한 것으로 간주한다. 군주정에 길들여진 사람도 마찬가지이다. 그렇기에 설령 운이 좋아서 정부 형태를 바꿀 기회가 오거나 굉장히 힘든 과정을 거쳐 지배자의 굴레에서 벗어났더라도, 결국에는 또다시 힘든 과정을 거쳐 새로운 지배자를 앉히고 만다. 이는 그들이 피지배 상태 자체를 증오할 수 없기 때문이다.

사람들은 관습에 물들어 있어서 저마다 자연적으로 정착한 곳에 만족하며 살아간다. 스코틀랜드의 야만인들은 투렌[21]과 전혀 관련이 없으며, 스키타이족도 테살리아[22]와 상관이 없다. (……) 관습으로 눈이 흐려진 탓에 우리

---

21 프랑스의 중부 지역.
22 그리스의 북동부 지역.

는 사물의 진정한 모습을 보지 못한다. (……) 관습이라는 지독한 편견에서 벗어나고자 하는 사람이라면 의심 없이 받아들여지는 여러 사실 뒤에는 관습이라는 흰 수염과 주름살 이외에는 다른 근거가 없다는 점을 발견하게 될 것이다. 하지만 이 가면을 벗겨내고 모든 문제를 진실과 이성으로 살펴보면 기존의 생각이 뒤집히더라도 좀 더 확고한 근거가 있는 판단을 할 수 있을 것이다. (……)

그렇다고 해도 이런 생각들 때문에 분별력 있는 사람이 일반적인 양식을 따르지 못하는 건 아니다. 오히려 이와는 반대로 모든 특이하고 특별한 방식들은 진정한 이성에서 나오는 것이 아니라 어리석음과 야심에 찬 가식에서 나오는 것 같다. 현명한 사람이라면 내적으로는 정신을 일반 대중으로부터 분리하여 사물을 자유롭게 판단할 수 있는 자유와 힘을 가져야 하지만, 외적으로는 관습적으로 용인된 방식과 형태를 절대적으로 따라야 한다.

공공 사회는 우리의 생각과 전혀 상관없이 돌아간다. 하지만 그 외의 요소들 즉, 우리의 행동, 행적, 재산, 삶 등은 사회에 도움이 되고 공통의 의견에 맞도록 취하거나 버려야 한다. 선량하고 위대한 소크라테스는 부당하고 불공정한 재판관에게 불복하는 방법으로 자신의 목숨을 구하려고 하지 않았는데, 누구나 각자 살고 있는 곳의 규칙과 법을 준수하는 것이야말로 규칙 중의 규칙이며 법 중의 기본법이기 때문이다.

1권 23장 「관습에 대하여
그리고 정해진 법칙을 쉽사리 바꾸지 않는 것에 대하여」

학문의 어려움

아무리 자식이 꼽추 같은 기형이라고 해도 자식이라고 인정하지 않는 아버지는 한 번도 본 적이 없다. 그것은 (자식에 대한 애정이 눈을 가린 것이 아니라면) 아버지가 자식의 결함을 알지 못해서가 아니다. 그렇다고 하더라도 그 아이가 자기 자식임에는 변함이 없기 때문이다.

내 경우도 마찬가지라서, 여기에 적고 있는 내용이 젊은 시절에 진정한 학문의 껍데기만을 맛보고 그 막연하고 일반적인 모습만 알고 있을 뿐이며, 프랑스의 관습을 따라 모든 것을 조금씩 알기는 하지만 제대로 아는 것은 없는 한 사람의 엉뚱한 상상에 지나지 않는다는 사실을 누구보다도 잘 알고 있다. 의학이 있고 법학이 있으며 수학에는 네 가지 분야가 있다는 것과 대충이라도 이 학문들이 무엇을 목표로 하고 있는지는 알고 있다. 또한 전체적으로 학문이 인간의 삶에 얼마나 도움이 되는지도 알고 있다. 그러나 나는 이 이상으로 더 깊이 파고들어 (우리 근대 학문의 제왕인) 아리스토텔레스를 열심히 연구하거나 어떤 한 가지 학문을 집요하게 탐구해본 적이 없으며,

그 기본적인 윤곽을 그릴 수 있는 재주도 없다. 그리고 (가장 낮은 수준의 학생이라도) 나보다 더 현명하다고 말하지 못할 학생은 없을 것이기에, 나는 첫 번째 수업에서도 학생을 시험해볼 수 없을 것이다. 만약 학생을 시험해보아야 하는 상황이라면, 나는 서툴게나마 일반적인 담론에서 화제를 끌어내어 학생의 타고난 판단력을 알아볼 수밖에 없을 텐데, 나만큼이나 학생들도 그런 수업이 생소할 것이다. (……)

내 생각과 판단은 불확실해서 더듬거리고 비틀거리며 내달릴 때마다 발을 헛딛으면서 앞으로 나아간다. 그리고 할 수 있는 한 멀리 가더라도 나는 전혀 만족할 수 없다. 더 멀리 가면 갈수록 안개로 앞이 뿌옇고 구름으로 가려져 내 눈으로는 도저히 구별하기 어려운 더 넓은 땅이 펼쳐지기 때문이다.

자녀교육의 방도

자신의 소득이나 편의를 위해서가 아니고 (이처럼 비천한 목적은 뮤즈 신들의 은총과 호의를 받을 만한 가치가 없고, 게다가 다른 이들과 얽히고 남에게 의존해야 하므로), 또한 외적인 과시나 치장을 위해서가 아니라 자기의 내면을 풍요롭게 하고자 학문에 뜻을 둔 고귀한 집안의 자제라면, 나는 그가 단순히 학식이 풍부한 사람이 아니라 유능하고 원숙한 사람이 되길 바란다. 따라서 그의 부모나 후견인은 가정교사를 굉장히 신중하게 선택해야 한다. 가정교사라면, 물론 모두 겸비하면 좋겠으나, 그저 지식이 많은 사람보다는 차분하고 절제된 두뇌를 가진 사람이 좋다.

나는 단순히 지식보다는 지혜, 판단력, 예의 바른 태도, 겸손한 행동을 더 중요하게 생각한다. 그리고 가정교사가 새로운 방식으로 자신의 임무를 수행하기를 바란다. 어떤 가정교사들은 책 내용을 (마치 깔때기에 물을 퍼붓듯) 쉴 새 없이 학생들의 귀에 외쳐대고 있으니, 그들의 역할은 이전에 들었던 말을 되풀이하는 것뿐이다. 나는 가정교사가 이런 교육법에서 벗어나, 처음부터 자신이 맡은 학생의 능력을 파악하고 학생 스스로 사물을 관찰하도록 하면서, 때로는 그에게 길을 열어주고, 때로는 그가 스스로 길을 열어 나가도록 도와주어 학생이 타인의 도움 없이도 사물을 구별하고 선택하는 법을 깨우치도록 해주기를 바란다. 나는 가정교사가 혼자서 생각하고 말하지 않기를 바라며, 제자에게도 말할 기회를 주어 그 말에 귀 기울이면 좋겠다. (……)

그리고 진실로 어떤 일을 스스로 하는 자유를 금지함으로써 우리는 그를 더욱 비굴하고 비겁하게 만든다. (……) 나는 사람들과 교류하는 이 학교라는 인간 사회에서 다른 사람을 알려고 하기보다는 우리를 알리려고만 하고 새로운 것을 구하고 얻기보다는 우리가 가진 것을 표현하기에 급급한 악덕을 종종 목격한다. 침묵과 겸손은 사람들과의 관계에 매우 유용한 자질이다. (……) 가정교사는 학생이 자신의 논거를 선택할 때 호기심을 가지고 적절함을 추구하며 결과적으로 간결함을 갖도록 가르쳐야 한다. 무엇보다도 진실을 분별하자마자, 그것이 적에게서 나왔든 자기 생각에서 나왔든, 그 진실 앞에서는 무기를 내려놓도록 가르쳐야 한다. 왜냐하면 (……) 나는 우리 시대의 뛰어난 무용가들인 팔뤼엘이나 퐁페가 우리를 자리에 앉혀놓은 채 자신들이 무용하는 모습을 보여주는 것만으로 우리에게 어려운 무용 기술을 가르쳐보게 하고 싶다. 이는 마치 학자들이 아무 자극도 주지 않은 채 우리를 가르치는 것과도 같다. 혹은 판단이나 연설에 대한 훈련 없이도 판단하는 법, 말 잘하는 법을 가르쳐주듯, 아무런 훈련도 없이 우리에게 말 다루는 법, 창 던지는 법, 류트를 연주하는 법, 노래하는 법을 가르쳐주는 사람이 있다면 만나보고 싶다.

내가 말하는 인생이라는 수업에서는 눈앞에 보이는 모든 것들이 훌륭한 책 역할을 한다. 꼬마의 짓궂은 장난이나 하인의 어리석은 수작, 식사 자리에서나 동료끼리 있을 때 나누는 쓸데없는 이야기나 농담, 혹은 진지한 대화들은 모두 배움의 소재가 된다. 이런 점에서 사람들 간의 교류는 매우 중요하며, 낯선 모습을 관찰할 수 있는 외국 여행은 굉장히 유용하다.

그렇다고 (프랑스의 젊은 귀족들이 하는 방식대로) 산타 로톤다 교회의 규모가 얼마나 되는지, 리비아 부인이 입는 의복이 얼마나 화려하고 속옷의 가격은 얼마인지, 혹은 어떤 사람들이 그러하듯이, 이탈리아의 옛 유적에서 본 네로의 얼굴이 다른 곳에서 출토된 메달에 새겨진 얼굴보다 얼마나 더 길고 넓은지 등을 보고 오라는 말이 아니다. 다른 나라 사람들의 특성과 관습을 배워와서 우리의 이해력을 갈고닦는 데 사용해야 한다는 뜻이다.

그러므로 나는 아이가 아주 어릴 때부터 외국 여행을 시작하기를 바란다. 일석이조의 효과를 거두기 위해서 먼저 우리와 언어가 가장 다른 이웃 나라를 방문해야 한다. 왜냐하면 어릴 때 그 나라 언어에 익숙해지지 않으면 나이가 들어서는 결코 그 언어를 올바르게 발음할 수 없기 때문이다.

어린아이를 부모의 무릎 위에 올려놓고 키워 지나치게 귀여워하고 보호하여 응석받이로 만드는 일은 옳지 않다는 것이 현명한 이들의 공통된 의견이다. 부모의 타고난 사랑, 혹은 (내가 칭하는) 부드러운 다정함 때문에, 아무리 현명한 부모라도 자식 앞에서는 마음이 약해지고 흔들린다. 그래서 부모는 자식의 잘못을 야단치지도 못하고, 필요에 따라 거칠고 혹독하며 과감한 훈육을 차마 눈 뜨고 보고 있지 못한다. (……)

아이의 정신을 강하게 단련하는 것만으로는 충분하지 않다. 아이의 근육도 강하게 만들어줘야 한다. 몸이 튼튼하게 뒷받침해주지 않으면 정신은 압도당하기 마련이다. 그리고 정신이 혼자서 양쪽을 돌보는 것은 너무 버거운 일이다. 나는 그토록 허약하고 예민한 육체가 무겁게 얹혀있을 때 정신이 얼마나 고생하는지 잘 알고 있다.

(……) 철학이 깃들어 있는 정신은 자신의 건전함으로 그 육체까지 튼튼하고 건강하게 만들고, 평안한 만족감이 외관으로까지 빛나게 하며, 밖으로 드러나는 모든 풍모를 자신의 틀에 맞춰 빚어낸다. 결과적으로 그런 정신을 소유한 사람은 우아한 위풍, 활기찬 기운, 활동적이고 유쾌한 몸가짐과 안정되고 쾌활한 용모로 무장하게 된다. 지혜의 가장 분명한 상징이자 뚜렷한 표식은 꾸준하고 얽매이지 않은 즐거움이며, 마치 항상 밝은 빛을 내며 떠있는 저 달 너머의 모습과 같다. (……) 철학의 목표는 오직 미덕뿐이다. 그러나 철학이 추구하는 미덕은 학교에서 말하는 바와는 달리, 높고 가파르거나 접근하기 어려운 언덕 꼭대기에 세워져 있는 것이 아니다. 미덕에 이른 사람들은 미덕이 비옥하고 꽃이 만발한 아름다운 평

원에 있으며 그곳에서 모든 것을 내려다보고 있다고 단언한다. 누구든지 미덕이라는 궁전에 이르는 길을 알기만 한다면, 마치 천상의 길처럼 꽃들이 피어 있는 향기롭고 쾌적하면서도 걷기 편한 풀밭 길을 통해 도달할 수 있다. 위엄 있는 왕좌에 앉아 있는 듯 영예롭고 훌륭하며 당당하고 사랑스러운 동시에 감미롭고, 한편으로는 용감하기도 해서 불쾌감과 번민, 공포와 억압 따위와는 화해할 수 없는 원수이며, 자연을 자신의 안내자로 삼고 행운과 기쁨을 동반자로 삼은 이 미덕을 사람들은 자주 접하지 못한다. (……)

미덕은 부자가 되고 강해지고 현명해지는 방법을 알고 있으며 향기로운 침대에 눕는 방법도 안다. 미덕은 삶을 사랑하며 아름다움과 명예와 건강을 즐긴다. 하지만 미덕의 특별하고 고유한 사명은 이런 것들을 어떻게 알맞게 쓰는지 가장 먼저 알고, 이것들을 잃더라도 흔들리지 않는 것이다. (……)

그렇지만 나는 이 어린 학생이 갇혀 지내거나 성마른 학교 선생의 우울한 기분에 그대로 노출되기를 바라지 않는다. 사람들이 무심히 하는 식으로 하루에 열네댓 시간을 일하는 짐꾼처럼 책만 파고들도록 묶어두어 아이의 싹트는 정신이 망가지는 모습을 원하지 않는다. 또한 어떤 일로 고독하고 우울한 기분에 잠겨 책의 내용에 지나치게 열중하는 모습도 좋지 않다고 생각한다. 그러다가는 사람들과의 교류에 서툴게 되고 더 좋은 직업에서 멀어지게 되기 때문이다. 우리 시대에 지식을 향한 지나친 탐욕으로 바보가 되어버린 자들을 얼마나 많이 보았던가? (……)

달리기, 씨름, 음악, 춤, 사냥, 승마나 무기 다루기 등 모든 운동과 활동이 학습의 일부가 되어야 한다. 나는 외적인 태도나 품위 그리고 사교적인 몸가짐이 그의 정신과 마찬가지로 다듬어지기를 바란다. 우리가 키우려는 것은 정신만도 아니고 육체만도 아닌 바로 인간이기에, 두 부분을 나누어서 다루면 안 된다. (……)

따라서 젊은이는 신체가 아직 유연할 때 모든 방식과 관습에 적응해야 하며, (항상 자신의 욕망과 의지를 제어할 수 있는 한) 과감하게 어느 나라나 어느 사회에도 적응할 수 있어야 한다. 어느 상황에든 적응하여, 필요하다면 무질서와 과도함까지도 견디도록 훈련되어야 하고, 무슨 일이든 할 수 있지만 바람직한 일만 하고 싶어야 한다. (……)

여리고 겁많은 아이들에게 학습법을 가르치겠다며 손에 매를 들고 무서운 표정을 짓는 사람들이 얼마나 많던가? (……) 아이들의 학교 건물과 교실이 피 묻은 회초리가 아니라 꽃과 잎새로 뒤덮여 있다면 얼마나 좋겠는가? 나였다면 철학자 스페우시포스[23]가 그랬던 것처럼, 학교 건물과 그 주변을 기쁨의 여신, 환희의 여신, 꽃의 여신, 아름다움의 여신들 그림으로 장식하게 했을 것이다. 아이들이 유익함을 얻는 곳에는 즐거움도 있어야 한다. 건강에 좋은 음식은 맛있게 만들고, 해로운 음식은 쓰게 만들어야 한다.

---

[23] 고대 그리스의 철학자로 플라톤의 제자이자 조카이다. 플라톤 사후 철학자 양성소인 아카데메이아를 물려받아 원장이 되었다.

제2외국어를 배우는 방법

신사에게 있어 그리스어와 라틴어는 의심의 여지 없이 훌륭하고 멋진 장식이지만, 언어를 배우기 위해 너무 비싼 대가를 치르고 있다. 그래서 내가 실제로 사용하기도 했고 일반적인 방법보다 저렴하면서 효과도 좋은 방법을 소개하려 하니 원하는 사람은 실행해보기 바란다.

나의 선친께서는 할 수 있는 모든 수단과 방법을 동원하여 학식과 식견이 뛰어난 사람들을 찾아다니며 가장 정교하고 손쉬운 교육 방법을 알아보고 나서, 당시에 사용되던 방법들에는 결함이 있다고 생각하시게 되었다. 그리고 옛날 그리스인들과 로마인들은 노력을 들이지 않고 습득했던 언어들을 우리가 익히는 데에는 그토록 오랜 세월이 걸린다는 점이 우리가 그들의 기술과 지식의 절대적인 완벽함에 도달할 수 없는 유일한 원인이라고 이해하셨다. 나는 그것이 유일한 원인이라고 생각하지는 않지만, 어쨌든 아버지께서 알아내신 방법은 프랑스어는 전혀 모르지만 라틴어는 능숙한 (유명한 의사이자 훗날 프랑스에서 생을 마감한) 독일인에게 아직 말을 배우기 전인 나를 맡기는 것이었다. 아버지께서 매우 높은 보수를 주고 초빙하신 그분은 항상 나를 품에 안고 지냈다. 또한 아버지께서는 그분보다 학식이 낮은 사람 두 명도 고용하여 그분을 도와주게 하셨다. 그들은 나와 라틴어로만 이야기했다. 또한 아버지, 어머니, 하인과 침모 등 집안의 사람들은 모두 나와 함께 있을 때는 더듬거리더라도 라틴어 단어만을 사용하여 말해야 한다는 것이 어길 수 없는 규칙이었다.

이런 방식으로 우리들은 모두 놀라운 성과를 얻었다. 아버지와 어머니는 라틴어를 알아듣고 필요하면 사용할 수 있을 정도로 충분한 실력을 갖추게 되었고, 가까이에서 나를 돌봐주던 하인들도 마찬가지였다. 이렇게 우리가 모두 라틴어를 사용하자 이런 분위기가 주변 마을들에도 번졌다. 그래서 그곳에는 지금까지도 장인이나 연장들을 라틴어로 부르는 습관이 남아 있다. 나의 경우에는 여섯 살이 넘도록 프랑스어나 페르고르 지역 방언을 아라비아어만큼이나 들어보지 못했다. 이렇듯 나는 라틴어에 다른 언어를 섞거나 변질시킬 수 없었기 때문에 특별한 기술이나 책, 문법이나 규칙 없이도, 그리고 회초리

를 맞거나 눈물을 흘리지 않고도 교사가 아는 수준만큼의 순수한 라틴어를 익혔다. (······)

나는 그리스어에 관해서 아는 바가 거의 없으나 아버지는 이 언어도 놀이와 훈련을 통한 새롭고 익숙하지 않은 방식으로 가르쳐보려고 하셨다. 탁자 위에서 하는 놀이에서 공격과 수비를 주고받으며 산술과 기하학을 익히듯, 우리는 그리스어의 어형 변화를 서로 주고받았다. 아버지는 무엇보다도 내가 강요받지 않고 나의 의지와 선택으로 학문과 의무의 열매를 맛보고 이해하도록 가르치셨다. 어떠한 강압도 엄격함도 없이 온화하고 자유롭게 키우라는 충고를 들으셨기 때문이다. 심지어는 (아이들은 어른보다 훨씬 더 깊이 잠들어 있으므로) 아이들을 갑자기 놀라게 해서 아침잠을 깨우면 마치 폭력을 행사하듯이 두뇌에 혼란을 일으킨다는 미신 같은 말을 너무나 신봉하신 나머지 나를 깨울 때는 악기 소리를 이용하여 깨우게 하셨고, 그 일을 하기 위한 사람을 항상 붙여주셨다.

이 사례만 보더라도 그 밖의 일들을 가늠할 수 있고, 또한 이처럼 훌륭한 아버지의 조심성과 깊은 사랑을 충분히 칭송할 수 있을 것이다. 그러므로 비록 탁월한 교육 방법과 세심한 배려에 걸맞은 결실을 거두지 못했더라도 결코 아버지를 탓할 수 없다. 여기에는 두 가지 원인이 있다. 첫째는 토양이 척박하여 경작하기에 적합하지 않았다는 것이다. 나는 건강하고 천성이 온순하고 순종적이어서 다루기에는 좋았지만, 워낙 둔하고 느려서 (놀 때조차도) 게으른 성미를 떼어놓을 수 없었다. 그렇지만 내가 보는 것은 확실히 보았고, 이 둔중한 기질 아래에서도 내 나이를 뛰어넘는 과감한 상상력과 견해를 키웠다. 내 정신은 매우 느려서 다른 사람들이 이끄는 곳까지만 나아갔다. 이해는 느리고, 창의력은 빈약한 데다 무엇보다도 믿을 수 없을 정도로 기억력이 나빴다. 이러니 아버지께서 나에게서 완벽한 성과를 거두지 못하셨다고 해도 놀랄 일이 아니다.

1권 26장 「아이들의 교육에 대하여」

진정한 우정

여성을 향한 애정은 비록 우리 자신의 자유 선택으로 생겨나는 것이기는 하지만, 우정과 비교했을 때 우정과 같은 범주로 묶일 수도 없고 묶여서도 안 된다. 고백하자면 애정의 불타는 열정은 (……) 더 적극적이고 더 격렬하며 더 뜨겁다. 그렇지만 그것은 성급하고 변하기 쉬워 유동적이며 종잡을 수도 없고, 타오르기도 쉽지만 수그러들기도 쉬운 열병과도 같은 불꽃이라 우리의 일부만 사로잡을 뿐이다. 진정한 우정에서의 열정은 일반적이고 보편적인 따뜻함이며, 변함없이 안정되고 온화하여 쓰라리거나 따끔한 느낌도 없이 매우 즐겁고 부드럽다. 욕정으로 가득한 사랑에서의 열정이란 우리에게서 달아나는 것을 뒤쫓는 광적인 정욕일 따름이다. (……)

우리가 보통 친구 또는 우정이라고 부르는 것은 단지 우연히 또는 편익을 위해 맺어져 생긴 친숙함이나 친밀함일 뿐이다. 내가 말하는 우정에서는 두 사람이 정신적으로 완전히 뒤섞이고 융합되어 더 이상 그들을 결속하는 이음새를 찾을 수도 없게 된다. 따라서 만약 누군가가 나에게 어째서 그를 사랑하느냐고 물으면, 나는 단지 그가 그였고, 내가 나였기 때문이라는 표현밖에는 대답하기가 어려울 것 같다. 이런 분리할 수 없는 결합의 매개자에게는 내가 할 수 있는 모든 표현을 뛰어넘는, 설명할 수 없는 운명적인 힘이 있다.

우리는 서로에 대한 소문을 익히 들었기에 실제로 만나기 전부터 서로를 찾고 있었는데, 소문 자체가 그 소문의 내용보다 더 강력하게 다가왔다. 이렇게 우리가 이름만으로 서로를 안을 수 있었던 것은 하늘이 정해주신 인연 덕분이라고 믿는다. 많은 사람이 모인 어느 성대한 마을 잔치에서 우연히 보았을 때, 우리는 처음 만났는데도 서로를 훤히 잘 알고 있는 듯 마음이 잘 맞았다. 그 이후로는 우리 둘 사이보다 더 가까운 것이 없을 정도가 되었다. (……) 그를 잃은 그날 이후로 (……) 나는 야위어갔고 너무나 큰 슬픔에 빠진 나머지 내 앞에 나타나는 즐거움조차도 나를 위로해주기는커녕 그를 잃은 슬픔을 한층 더 크게 해줄 뿐이었다. 우리는 모든 것을 절반씩 나누어 가지고 있었다. 그래서 지금 나는 마치 내가 그의 몫까지 빼앗아 가지고 있는 것 같은 기분이 든다.

나는 항상 반쪽으로 지내는 데에 너무 익숙했고 혼자 지냈던 적이 없어서, 이제는 내가 내 자신의 반쪽에 지나지 않는 것 같다.

1권 28장 「우정에 대하여」

신세계 사람들

 나는 우리 시대에 발견된 저 멀리 다른 세계, 즉 빌게뇽[24]이 상륙하여 '남극 프랑스령'이라고 이름 붙인 곳에서 10년인지 12년인지를 살았던 한 남자를 오랫동안 데리고 있었다. 이 끝없이 광활한 지역의 발견은 중대한 일이라고 생각한다. 나는 미래에 이런 지역이 또 발견되지 않으리라고 장담하지 못하겠다. 훌륭하고 우리보다 학식이 높은 사람들도 오랫동안 이 점에 대해서 잘못 알고 있었기 때문이다. (……) 내가 하인으로 데리고 있던 남자는 단순하고 우직한 친구였다. 이러한 성격은 진실을 증언하기에 알맞은 조건이다. 왜냐하면 교활한 인간은 대개 호기심을 가지고 사물을 눈여겨보며 지적하고, 자기의 해석을 그럴싸하게 보이도록 하거나 사람들을 설득하기 위해 이야기를 어느 정도 바꿀 수밖에 없기 때문이다. 이들은 절대로 사물을 있는 그대로 묘사하지 않고, 자기가 본 모습에 뭔가를 더하거나 감춰서 조작하고 변형해서

---

[24] 브라질에 위그노 식민지를 건설하려 한 프랑스의 해군 장교이자 탐험가.

말한다. 그리고 이들은 대체로 자신의 판단을 신뢰하게 하고 사람들을 끌어당기기 위해서 사실에 멋대로 살을 붙이고 과장한다. 따라서 지극히 충직한 사람이거나 혹은 너무나 단순하여 허위로 이야기를 만들거나 거짓을 진실인 양 꾸밀 의도도 없는 사람이 필요한 것이다. 내 하인이 바로 그런 사람이었다. (……)

나는 이것뿐만이 아니라 다른 주제에 대해서도 사람들이 각자 자기가 아는 것만 써주었으면 좋겠다. 강이나 우물의 특성에 관해서는 특별한 지식이나 경험이 있는 사람일지라도 그 밖의 다른 주제에 관해서는 아는 것이 일반인과 별반 다르지 않을 수 있다. 그런데도 그는 자신의 작은 지식을 펼쳐 보이기 위해 자연과학 전체를 쓰려고 할 것이다. 바로 이런 잘못된 행위에서 여러 가지 어려움이 생겨난다.

이제 (본래의 주제로 돌아와) 내가 보니 (사람들이 전해준 바에 따르면) 그 나라에는 야만적이거나 미개한 면이 전혀 없는 것 같다. 사람들은 누구나 자기 관습에 없는 것을 야만이라고 부를 뿐이다. 사실 우리는 자신이 사는 곳의 사고방식과 관습, 우리가 관찰한 사례와 개념을 제외하면 진리와 이성의 척도를 가지고 있지 않다. 언제나 우리가 사는 곳에만 완벽한 종교, 완벽한 정치 그리고 매사에 적용되는 완벽하고 비할 바 없는 관습이 있다고 믿을 뿐이다. (……)

그 나라에는 (……) 어떤 종류의 상거래도, 문자에 대한 지식도, 수의 개념도, 관리라는 말이나 정치적 위계라는 말도 없다. 사람을 부리는 제도와 빈부를 가리는 제도도 없다. 계약, 상속, 분배도 없고, 직업도 없어서 다들 한가로이 지낸다. 공공을 중시할 뿐 혈연관계를 따지지 않고 자연 이외에는 의복도 없으며, 땅에 거름을 주지도 않고 포도주나 곡물, 금속을 사용할 줄도 모른다. 거짓말, 속임수, 배신, 모략, 탐욕, 시기, 비방, 용서 등의 말은 들어본 적이 없다 (……)

이 모든 게 그리 나쁘지 않다. 그런데 이게 웬 말인가? 그들은 반바지 같은 것조차도 걸치지 않는다.

1권 31장 「식인종에 대하여」

시의 황홀함

 신기하게도 시를 평가하고 해석하는 사람보다 시인이 더 많다. 시는 이해하기보다 쓰는 일이 더 쉽다. 낮은 수준의 시라면 얼마나 규칙에 맞게 기술적으로 썼는가로 판단할 수 있다. 하지만 훌륭하고 탁월하면서 고귀해서 신성하기까지 한 시는 이런 규칙이나 이성을 넘어선다. 번개의 광휘를 보기 어렵듯이, 한결같고 고정된 시각으로 시의 아름다움을 식별하는 사람이라면 훌륭한 시를 이해하기는 쉽지 않다. 시의 아름다움은 우리의 판단과 어울리는 것이 아니라 오히려 우리의 판단을 들쑤시고 망쳐놓는다.

 시에 정통한 사람마저 현혹하는 열광은 그가 낭송하는 시를 듣는 제삼자에게도 충격을 주는데, 이는 마치 자석이 바늘을 끌어당기기만 하는 게 아니라 그 바늘 속에 다른 바늘들을 끌어당길 힘을 흘려 넣는 것과 같다. 이런 일은 극장에서 더 분명하게 관찰할 수 있다. 뮤즈 여신들의 거룩한 영감은 먼저 시인을 분노나 슬픔, 혹은 증오로 뒤흔들어 여신들이 원하는 만큼 그를 무아지경에 빠뜨려놓고, 그 시인을 통해 배우에게 충격을 주고, 이어서 배우가 관객 전체에게 충격을 준다. 이런 과정은 우리의 감각들이 서로에게 의존해 이어지는 현상을 설명해준다. 어린 시절부터 시는 나를 꿰뚫어 황홀하게 하는 미덕을 보였다.

1권 37장 「소(小) 카토[25]에 대하여」

---

25 고대 로마 공화정 말기의 정치가. 대(大) 카토의 증손자이며 스토아 철학의 신봉자이자 카이사르와는 정치적으로 대립하는 관계였다.

책을 구성하는 방식

판단은 어떤 주제에서든 도구가 되고 어디에나 관여한다. 그러므로 나는 온갖 종류의 경우를 사용해 이를 시도해본다. 도무지 알 수 없는 주제라면 나는 마치 강을 건널 때처럼 조심스럽게 얕은 여울에서부터 그 깊이를 재본 후, 강물이 너무 깊다는 걸 알게 되면 강둑에 머문다. 강을 건널 수 없다는 사실을 인정하는 것도 판단이 갖는 하나의 특징이자 가장 자랑스러운 부분이다. 의미 없고 하찮은 주제를 마주하더라도 나는 그것을 구체화하고 지지하며 지탱할 만한 것이 있는지 찾아본다. 때로는 이미 다른 사람들이 밟고 지나가서 남들의 발자국을 따라가야만 하는 유명하고 잘 알려진 주제에 대해서도 나의 판단을 적용해본다. 그리고 가장 좋다고 생각되는 길을 선택한다. 이런 작업은 수많은 길 중에서 어떤 길이 가장 좋은 길인지 알려준다.

나는 운명이 던져주는 첫 번째 주제가 무엇이든 받아들인다. 어느 주제이건 내겐 다 똑같기 때문이다. 그 주제들을 철저히 밝혀볼 생각은 전혀 없다. (……) 각각의 사물이 지닌 수많은 측면과 양상 가운데 하나만 골라서 때로는 그 겉면만 훑어보고 때로는 슬쩍 만져보기도 한다. 어쩔 땐 속살까지 꼬집어보고, 넓게는 아니더라도 최대한 깊게 찔러보기도 한다. 대체로 나는 잘 알려지지 않은 관점으로 주제를 파악하고자 한다. 만약 내가 나 자신을 잘 몰랐더라면 몇몇 주제에 대해서 깊이 다루어보겠다고 덤벼들었을지도 모른다. 나는 맥락과도 상관없는 짧은 글들을 떼어내어 어떤 계획이나 암시도 없이 여기저기에 한 마디씩 던져놓기 때문에 내 자신의 무능력을 핑계 삼을 뿐, 거기에 책임을 지거나 매달리지 않아도 된다. 나는 언제라도 내가 아는 것을 의심하고, 확실한지 의문을 던질 수 있으며, 내가 근본적으로 무지하다는 사실을 털어놓을 수 있다. 우리가 하는 모든 움직임이 우리를 드러내 보여준다.

1권 50장 「데모크리토스와 헤라클레이토스에 대하여」

이런 시도들이 판단할 가치가 있는지는 모르지만, 이것이 비천한 정신을 소유한 일반인들에게도 그렇고 특출나고 탁월한 사람들에게도 마찬가지로 마음에 썩 드는 일은 아니리라 생각한다. 전자는 이것을 조금밖에 이해할 수 없을 것이고, 후자는 지나치게 잘 이해할 텐데 사람들은 그 중간에서 살아갈 것이다.

1권 54장 「쓸데없는 미묘함에 대하여」

한 사람을 판단하려면

나는 인간에게 있어서 일관성만큼 찾기 어려운 것이 없고, 변덕만큼 찾기 쉬운 것도 없다고 생각한다. (……)

우리가 평소에 하는 방식은 욕망의 경향에 따라서 좌우로 또는 위아래로 그때그때의 바람이 우리를 실어 나르는 대로 이리저리 바뀐다. 우리는 원하는 순간에만 원하는 것을 생각하여, 마치 주변의 빛깔에 따라서 보호색을 띠는 동물과 같이 변한다. 우리는 방금 계획한 바를 금세 바꾸고, 방금 갔던 길을 되돌아가는데, 이 모든 것이 동요고 변덕일 뿐이다. (……)

우리는 스스로 가는 것이 아니라 마치 부유물처럼 출렁이거나 잔잔한 물결에 따라 때로는 부드럽게, 때로는 거칠게 실려 가듯 휩쓸려 간다.

날마다 새로운 상념, 순간순간 새로운 공상으로 우리의 기분은 시시각각 변한다. (……) 그리고 자신을 주의 깊게 살펴보고 숙고하는 사람이라면 누구든지 자신 안에서 그리고 자신의 판단 안에서도 이러한 변덕스러움과 불일치를 발견할 것이다. (……) 나는 나에 대해 헷갈

리거나 혼동하지 않고 전적으로 단순하고 확고하게 한마디로 말할 것이 없다. 식별이야말로 내 논리에서 가장 보편적인 부분이다. (……) 그러므로 한 사람을 판단하려면 오랫동안 그 행동의 흔적을 더듬어보아야 한다.

(……) 겉으로 드러나는 행동만으로 우리 자신을 판단하는 일은 제대로 된 방식이 아니다. 철저히 자신을 살펴보고 마음속 깊은 곳까지 들어가 어떤 원동력이 행동을 유발하고 자극하는지를 보아야 한다. 하지만 그건 너무 위험하고 고차원적인 시도이므로 그런 일을 하려는 사람들이 너무 많지는 않기를 바란다.

2권 1장 「우리 행동의 변덕스러움에 대하여」

나의 아버지

아버지의 몸가짐은 언제나 온화하고 부드러우면서 점잖고 공손했으며, 무엇보다도 정중하고 당당하셨다. 정직함에 가장 신경을 많이 쓰셨고, 걸을 때나 말을 탈 때에도 일종의 품위와 단정함을 보였다. 또한 아버지는 본인이 하신 말씀이나 약속을 지나칠 정도로 엄격히 지키셨다. 그리고 종교에는 어찌나 독실하고 순종적이었는지 어찌 보면 미신에 빠져 있는 것같이 보일 지경이었다. 체구는 작았지만 배짱이 두둑하고 유쾌하면서도 활력이 넘쳤으며, 곧고 균형 잡힌 체구에 약간 가무잡잡한 얼굴이신 아버지는 모든 고상한 기예에도 능숙하고 뛰어나셨다.

나는 아버지께서 해머나 장대 던지기, 펜싱 등을 더 잘하기 위해 납으로 속을 채운 막대를 활용해 팔운동을 하시던 모습을 본 적이 있다. 또 달리거나 도약할 때 도움이 되고자 납으로 바닥을 댄 신발을 신고 단련하던 모습도 기억난다.

나는 아버지를 기억할 때, 그분께서 우리에게 작은 기

적을 남기셨다고 당당히 말할 수 있다. 그는 예순이 넘어서도 나이가 무색할 만큼, 무거운 모피 가운을 걸친 채 가뿐히 말안장에 뛰어오르고, 엄지손가락으로 탁자를 들어 올리거나, 한꺼번에 서너 개씩 계단을 뛰어오르고는 하셨다.

2권 2장 「술기운에 대하여」

죽음의 문턱에서

　실제 경험을 통해서 우리가 의도하는 방향으로 마음이 움직이도록 훈련하지 않는다면, (우리가 아무리 다짐한들) 이해와 교훈 자체는 우리를 행동으로 이끌 만큼 충분한 힘을 갖기는 어렵다. (……)

　하지만 우리가 완수해야 할 가장 큰 과업인 죽음 앞에서는 훈련도 아무 소용이 없다. 사람은 고통, 비애, 수치, 결핍 등의 일들에 대해서는 습관과 경험을 통해 단련할 수 있다. 그러나 죽음이라면 단 한 번밖에 경험할 수 없다. 죽음 앞에서는 우리 모두 초심자일 뿐이다.

　(……) 그렇지만 우리가 죽음에 익숙해지고 죽음을 시험해볼 수 있는 방법은 있을 것이다. 완전하지는 않지만 적어도 아주 쓸모없지는 않게 그리고 우리를 좀 더 강하게 만들고 안심할 수 있게 해주는 방식을 경험할 수 있다. 죽음에 도달할 수는 없더라도 가까이 다가가 어렴풋이라도 알아볼 수는 있을 것이다. 죽음이라는 요새까지 진입할 수는 없더라도 거기에 이르는 길을 알아보고 익숙해질 수는 있다. 잠이 죽음과 닮았으니 잠을 잘 탐구해

보라고 가르치는 것도 근거 없는 말은 아니다. 우리는 얼마나 쉽게 깨어 있는 상태에서 잠으로 넘어가고, 또 얼마나 무심하게 빛과 자신에 대한 인식을 잃어버리는가?

(……) 하지만 내 생각에는 끔찍한 사고를 당해 심박도 떨어지고 의식까지 잃었던 사람이야말로 죽음의 본래 얼굴을 매우 가까이에서 본 사람인 것 같다. 저승으로 넘어가는 순간에는 어떤 감정이나 감각을 느낄 여유도 없어서 죽음이 가져올 고통이나 불쾌감에 대해 두려워할 필요가 없기 때문이다. 고통을 느끼는 데에도 시간이 필요한데, 죽음으로 향하는 순간은 너무 짧아서 필연적으로 감각을 느낄 수가 없다. 우리가 두려워해야 할 것은 죽음에 이르는 여러 길이고, 그것들은 얼마든지 인간이 경험할 수 있다.

실상보다는 상상 속에서 더 크게 느껴지는 것들이 많다. 나는 인생의 대부분을 완벽하고 온전한 건강을 누리며 보냈고, 튼튼했을 뿐만 아니라 쾌활하고 혈기 왕성하기까지 했다. 이렇게 기운차고 즐거운 상태였기 때문에 나는 질병을 너무 무섭고 끔찍하게 생각했었다. 그런데 막상 실제로 병에 걸려보니 두려워했던 것에 비해서는 그 고통이 대수롭지 않고 시시하게 여겨졌다. 나는 매일 이것을 체험한다. 폭풍우가 몰아치는 밤에 아늑한 방에서 따뜻하게 이불을 덮고 있노라면, 밖에서 피할 곳도 없이 폭풍우를 맞고 있을 사람들 생각에 안절부절못하고 가슴이 미어진다. 하지만 내가 그 폭풍우 속에 있다면 다른 곳에 있기를 바라지는 않을 것이다. (……)

(잘 기억은 나지 않지만) 세 번째인지 두 번째인지 모를 난리 통에 우리 집에서 4킬로미터 정도 떨어진 곳으로 바람을 쐬러 간 적이 있다. 프랑스 내전이 일어난 혼란의 중심지였지만 집에서도 가깝고 안전하다고 생각하여 호위할 사람도 많이 대동하지 않은 채 다루기는 쉬우나 별로 튼튼하지 않은 말을 타고 나갔다. 그런데 돌아오는 길에 느닷없이 이 말이 평소에 겪어보지 못한 상황에 맞닥뜨렸다. 재갈을 물리기 어려울 만큼 힘세고 기운찬 젊은 말에 올라탄 우리 집 (억세고 키가 큰) 하인 하나가 대담한 척 객기를 부리며 동료들을 앞지르려고 고삐를 쥐고 박차를 가해 내가 가는 길로 달려들었고, 그 거대하고 육중한 몸이 이 왜소한 사람과 말을 덮치는 바람에 우리 둘다 내동댕이쳐졌다. 말은 쓰러져 뻗었고, 나는 거기에서

열두어 발짝 떨어진 곳까지 나가떨어졌다. 얼굴은 온통 멍들어 상처투성이였고 손에 들었던 긴 칼은 먼 곳까지 날아가 떨어졌으며 혁대는 끊어졌다. 감각을 잃어 꿈틀대지도 않는 내 모습은 마치 나무토막 같았다. 이것이 내가 평생 딱 한 번 경험한 기절 상태였다.

함께 있던 사람들은 내가 정신을 차릴 수 있게 온갖 방법을 동원해보았으나, 결국 내가 죽었다고 생각하고는 나를 안아 들고 2킬로미터 떨어진 집으로 향했다. 집으로 가던 도중에, 죽었다고 생각한 지 두 시간이 지난 후에야 나는 조금씩 움직이고 숨을 쉬기 시작했다. 배 속에 괴어 있던 피를 힘껏 토해내고 나서야 겨우 기운을 차릴 수 있었다. 사람들이 나를 일으켜 세웠고, 나는 핏덩어리를 한 동이나 토해냈다. 돌아오는 동안 같은 일을 여러 차례 반복했더니 좀 살 것 같았지만 긴 시간을 두고 아주 조금씩 더디게 회복되었기 때문에, 내가 의식을 찾았을 때의 느낌은 살아있다기보다는 죽음에 더 가까웠다.

(내 마음에 강하게 각인된) 이 기억은 내게 너무도 생생하고 자연스러운 죽음의 얼굴을 보여주었고, 이 때문에 나는 죽음과 어느 정도 가까워졌다. 무언가 보이기 시작했

을 때조차 너무 어둑하고 흐릿해서 희미한 빛 외에는 아무것도 분간할 수 없었다. (……)

내 영혼도 육체와 마찬가지의 과정을 겪었다. 정신을 차려보니 온몸이 피투성이였고 내가 토해낸 피로 윗옷이 온통 젖어 있었다. 처음에는 머리에 총을 맞았다고 생각했다. 실제로 그때 주변 여기저기에서 총성이 들렸기 때문이다. 내 생명은 입술 끝에 가까스로 매달려 있는 것만 같았다. (내 생각에) 생명을 입술 밖으로 밀어내는 데 도움이 될까 싶어 두 눈을 감았고, 축 늘어져서 나 자신을 내려놓으니 편안해졌다. 그것은 내 영혼의 표면을 떠다니는 공상에 불과했는데, 다른 모든 부분만큼이나 힘이 없고 희미했으나 불쾌감은 없었을뿐더러 스르르 잠들 때와 같은 감미로움마저 섞여 있었다. 임종 시 고통으로 기력이 쇠해져 정신을 잃는 이들의 상태가 바로 이런 것일 테니, 그들이 쓰라린 고통에 시달리거나 괴로운 생각에 짓눌려 있을 것이라 판단해서 불쌍하게 여기는 것은 괜한 일이라고 본다. (……)

집에 거의 도착할 즈음에 벌써 내가 말에서 떨어졌다는 소식을 전해 들은 집안사람들이 울고불고하며 나를 맞이했다. 그때 나는 사람들의 질문에 몇 마디 답을 했을 뿐만 아니라, 사람들이 말하길 내가 울퉁불퉁하고 험준한 길 위에서 고생하는 아내를 보고는 하인들을 시켜 아내에게 말 한 필을 내어주게 했다고 한다. 그런 배려는 정신을 차린 사람이 하는 말처럼 들리지만, 나는 전혀 그런 상태가 아니었다. 그 말들은 구름 속에서처럼 눈과 귀의 감각으로만 느낄 수 있는 텅 빈 생각에서 나온 것일 뿐, 나 자신에게서 나온 말이 아니었다. 나는 내가 어디서 왔는지 혹은 어디로 가는지 도통 알 수 없었고, 사람들이 나에게 하는 말을 헤아리거나 깊이 생각할 수도 없었다. 그 말들은 그저 습관처럼 감각이 스스로 만들어낸 가벼운 결과였을 뿐이었다. 그때 영혼이 할 수 있었던 것은 감각이라는 미약한 인상이 가볍게 스치고 살짝 흩뿌려진 몽상밖에 없었다.

사실 집으로 가는 동안 내 상태는 매우 즐겁고 편안했다. 나는 내 자신이나 다른 사람들에 대해 염려하지 않았고 고통을 느끼지도 않았다. 아무 고통도 없이 나른하고 지독하게 허약한 느낌이었다. 나는 우리 집을 보고도 알아보지 못했다. 침대에 눕게 되자 깊은 안도감이 느껴졌다. 고생스럽게 멀고 험한 길을 걸어 집까지 데려다준 가엾은 사람들이 서둘러 오느라 그동안 내 몸이 많이 흔들렸기 때문이다. 사실 그들도 두세 차례 번갈아 가며 나를 안고 옮기느라 녹초가 되었다.

사람들이 여러 가지 약을 권하였지만, 나는 머리에 중상을 입었다고 생각해 하나도 먹지 않았다. 그때 죽었다면 진심으로 행복한 죽음이었을 것이다. 이해력이 떨어져 죽음을 판단할 수 없었고, 몸도 쇠약해져 죽음을 느낄 수 없었을 테니 말이다. 나는 이보다 더 편한 자세는 없을 만큼 아주 편하고 나른한 자세로 스르르 늘어져 있었다.

하지만 두세 시간 후에 점점 기운을 차리기 시작하자 슬슬 감각이 돌아오면서 전신에서 고통이 느껴졌다. 말에서 떨어져 멍들고 으스러진 팔다리가 이삼 일이 지나자 어찌나 아프던지 진심으로 한 번 더 죽을 뻔했는데, 이번이 더 생생하게 고통스러웠다. (솔직히 말해서) 아직도 만신창이가 되었던 그 끔찍한 충격이 느껴져 두렵다.

나는 이 사고를 잊고 싶지 않았고, 내가 완전히 이해할 수 있게 될 때까지 사람들에게 내가 어디를 갔다 어디서 오던 길이었는지, 그 사고가 몇 시에 일어났는지 수없이 반복해서 말하게 했다. 내가 어떻게 말에서 떨어졌는지에 대해서는 그 원인을 제공한 사람의 잘못을 덮어주기 위해서인지 모두가 얼버무리고 다른 이유를 꾸며서 들려주었다.

하지만 오랜 시간이 지난 어느 날, 기억이 돌아와 말이 나를 덮쳤던 그 순간의 상황이 떠오르자 (사고 순간에 그 말을 보고는 곧바로 죽음을 떠올렸지만, 너무도 갑작스러운 생각이라 미처 두려워할 틈도 없었기 때문에) 마치 내 영혼이 벼락을 맞아 저세상에 갔다가 되돌아온 기분이었다.

2권 6장 「실천에 대하여」

나를 관찰하고 연구한다

우리의 정신처럼 정처 없이 이리저리 헤매는 행적을 쫓으며, 속마음에 잡힌 주름의 불투명하고 깊은 속까지 들어가 정신을 어지럽히는 수많은 세밀한 기류를 낱낱이 포착해보려는 시도는 보기보다 훨씬 어려운 일이다. 이것은 세상의 일상적인 일은 물론 사람들이 권하는 일마저 내던질 만큼 새롭고 특별한 오락거리이다. 여러 해 전부터 내 사색의 목표는 오직 나 자신뿐이었고, 오직 나 자신만을 관찰하고 연구했다. 만약 내가 뭔가 다른 것을 연구한다면, 그건 즉시 나 자신에게 적용해보기 위해서 하는 일이다. 이 일과는 비교할 수도 없이 별 쓸모없는 다른 학문에서 일반적으로 그러하듯, 비록 내가 이룬 발전이 만족스럽지 못하더라도 내가 깨달은 바를 남들에게 알리는 것이 잘못은 아니라고 생각한다. 자기 자신을 묘사하는 것만큼 힘든 일도 없지만, 또 이처럼 확실히 유용한 일도 없다.

2권 6장 「실천에 대하여」

자식을 다루는 법

 이제 자식을 낳았다는 이유만으로 자식을 사랑하며 그들을 또 다른 자아라고 부르는 이 단순한 상황을 생각해보자. 우리에게는 자식 말고도 권장할 만하고 중요한 산물이 있다. 우리가 마음으로 낳은 것, 우리의 용기와 충만함과 영혼의 결실은 육체보다 더 고귀한 부분이며 더욱더 우리만의 것이라고 할 수 있다. 우리는 이런 산물의 아버지이자 동시에 어머니다. 이런 결실을 이뤄내기는 힘들지만, 거기에 뭔가 귀하고 훌륭한 점이 있다면 우리에게 큰 영예를 안겨준다. 이러한 산물의 아름다움, 우아함, 모든 가치는 온전히 우리의 몫이지만, 자식의 가치는 우리의 것이라기보다는 그들 자신의 것이며 우리가 그들에게서 차지하는 몫은 미미하다. (……)

 나는 영예롭고 자유로운 인간을 길러내기 위한 어린 영혼의 교육에서 행사되는 모든 폭력을 배격한다. 엄격하고 강제적인 교육에는 노예적이며 굴종적인 측면이 있다. 그리고 이성, 지혜, 분별력으로 극복할 수 없는 것은 강요와 통제로도 결코 이룰 수 없다고 생각한다. 바로

나 자신이 그렇게 폭력 없이 자랐는데, 전해 듣기로는 어렸을 때 회초리로 딱 두 번, 그것도 아주 살살 맞았을 뿐이라고 한다. 나는 내 아이들도 내가 교육받은 대로 키웠다. (……)

고인이 된 블레즈 드 몽뤼크[26] 원수는 진정 훌륭하고 장래가 크게 촉망되는 젊은이였던 아들이 마데이라섬에서 죽었을 때, 다른 어떤 슬픔보다도 자기 속마음을 생전에 아들에게 한 번도 털어놓지 못했다는 후회 때문에 가슴이 찢어진다고 했다. 아비로서 늘 엄하고 꾸짖는 모습만 보이느라 아들을 깊이 알아가는 즐거움도 놓치고, 그를 지극히 사랑하며 그의 덕성을 높이 평가하고 있다는 말도 전해주지 못했다며 애통해했다.

그는 이렇게 말했다. "아, 가여운 그 아이는 나에게서 엄격하고 차가운 표정과 성에 차지 않은 모습만 봤기 때문에, 내가 자기를 사랑하지도 않고 알아주지도 않는다는 생각을 품고 떠나갔소. 아, 나는 대체 누구에게 보여주려고 그 애에게 품은 남다른 사랑을 속으로만 간직하

---

26 탁월한 군사 기량으로 유명한 16세기 프랑스의 군인.

고 있었단 말이오? 그 사랑을 전적으로 즐기고 알았어야 할 사람은 바로 아들이 아니었겠소? 나는 괴로워하면서도 억지로 이 부질없는 가면을 고집해오다가 아들과 대화하는 즐거움도, 그 애의 애정도 잃고 말았소. 아들은 쌀쌀한 대접만 받은 채, 폭군처럼 구는 내 모습만 보았을 테니 나를 아주 냉정하게 대할 수밖에 없었던 것이라오."

    나는 이 한탄이 매우 진실하고 옳다고 생각한다. 왜냐하면 나도 경험을 통해 확실히 알고 있기 때문이다. 친구를 잃어 슬픔에 빠졌을 때, 그에게 해야 할 말을 하나도 잊지 않고 다 했으며, 그래서 서로의 마음을 속속들이 완벽하게 나누었다는 사실보다 더 큰 위로는 없었기 때문이다.

2권 8장 「자식을 향한 아버지의 사랑에 대하여」

독서하는 방법

　해당 분야의 대가들이 더 훌륭하고 더 사실에 가깝게 다루는 것들에 대해서 내가 얘기하는 경우가 종종 생긴다. 이는 순전히 내가 타고난 자질들을 시험해보려는 것일 뿐, 남에게서 얻은 것을 논하려는 시도는 아니다. 그러니 누군가 나의 무지함을 트집 잡더라도 나는 아무렇지 않다. 나 자신에게조차 답하지 못해서 만족하지 못하는 이야기를 남들이 알아들으리라고 생각하지 않는다. 한 가지 밝히고 싶은 것이 있다면, 지식을 찾는 사람은 지식이 있는 곳에 가서 얻으라는 것이다. 이 글들은 사물에 관해서가 아니라 나 자신에 관해서 알고자 하는 나의 공상일 뿐이다. 이것들은 어느 날 내가 우연히 알아낸 것일 수도 있고, 아니면 운이 좋아서 예전에 이미 밝혀진 내용을 접하게 된 것일 수도 있다. 하지만 그것이 무엇이었는지 이제는 더 이상 기억나지 않는다. 내가 글을 좀 읽은 사람이기는 하지만 기억력은 전혀 없는 사람이기 때문이다. (……)

　책을 읽다 어려운 부분을 만나도 나는 고민하지 않고

한두 번 다시 시도해보고는 그냥 놓아두고 지나간다. 그 부분에 너무 진지하게 몰두했다가는 시간도 허비하고 나 자신도 힘들게 될 것이다. 내게는 책을 건너뛰어 읽는 기지가 있다. 처음 읽을 때 보이지 않은 것은 오래 매달려 고심해도 보이지 않는다. 나는 재미가 없으면 아무것도 못 한다. 너무 집요하게 계속하거나 끈질기게 골몰하다 보면 정신이 멍해지고 머리도 둔해지고 피곤해지면서 시야도 흐릿해진다. 이럴 때는 책 읽기를 중단하고 적당한 때가 되면 다시 읽어야 한다. 읽던 책이 지루하게 느껴지면 다른 책을 집어 들기는 하지만 지루할 경우가 아니라면 그다지 몰두해서 읽지 않는다. (……)

판단력이 없어도 지식과 진리가 우리 안에 있을 수 있고, 판단력 역시 지식과 진리 없이도 우리 안에 깃들 수 있다. 모르는 것을 인정하는 것이야말로 내가 아는 한 판단력의 가장 뛰어나고 확실한 증거 중 하나이다. 나의 광시곡을 통제하여 지휘해줄 단장이라고는 행운밖에 없다. 내 표현이나 생각들은 수시로 떠올라 뒤죽박죽 섞여 있다. 때로는 그것들이 무더기로 쏟아져 나오기도 하고 때로는 하나씩 조심스럽게 튀어나오기도 한다. 나는 자연스럽고 평범한 나의 느슨하고 흐트러진 모습을 있는 그대로 보여줄 것이다.

2권 10장 「책에 대하여」

의견의 변동성

우리는 사물을 얼마나 다양하게 판단하는가? 우리의 생각을 얼마나 자주 바꾸는가?

나는 지금 보고 믿는 것을 진심으로 믿는다. 나의 모든 수단과 힘과 동인이 이 의견을 움켜쥐고 최선을 다해 그 의견이 정당하다고 믿게 한다. 나는 어떤 진리도 이보다 더 힘껏 품어 안고 간직할 수는 없을 것이다. 나는 그 의견을 완전히 믿고 있다. 그러나 운이 없게도 똑같은 수단과 똑같은 조건에서 다른 것을 받아들였다가 훗날 잘못된 판단이었다고 생각한 일이 한 번이 아니라 백번 천번, 매일매일 일어나지 않았던가? 이런 곤란을 겪어봤으면 최소한 현명해지기라도 해야 한다. 만약 내가 이런 모습에 자주 속아봤다면, 또는 누가 봐도 나의 기준점이 틀렸고 내 저울이 편파적이고 불공평하다면, 이번이라고 어떻게 다른 때보다 더 확실하다고 말할 수 있겠는가? 같은 안내자에게 그토록 자주 속아 넘어가다니 어리석은 일이 아닌가?

그렇지만, 운명이 우리를 오백 번 흔들어 마치 항아리

를 채웠다 비웠다 하듯 우리 마음에 이런저런 의견을 채워 넣었다 비우기를 반복하는 것일 뿐일지라도, 현재이자 마지막인 의견이 항상 확실하고 틀림없는 것이라 여겨진다.

이 의견을 위해서 인간은 재산, 명예, 생명, 국가, 건강 등 모든 것을 포기한다. 최대한 가까이에서 자신을 응시하며, 다른 데서는 별로 할 일이 없는 사람처럼 나 자신에게서 눈을 떼지 않는 내게서 느낀 허영과 결함을 감히 말할 엄두가 나지 않는다. 내 걸음은 너무 비틀거리고 불안정해서 금방이라도 쓰러질 듯 휘청거리고, 내 시야는 너무 흐리고 제멋대로여서 굶주릴 때는 배불리 먹을 것만 찾는다.

몸 상태가 좋거나 날이 좋아 쾌청할 때의 나는 활기차고 정중한 사람이다. 하지만 발에 티눈이라도 생기면 나는 우거지상이 되어 불쾌하고 어울리기 힘든 사람이 된다. 타고 있는 말이 같은 속도로 걷더라도 어떨 때는 거칠게, 어떨 때는 편하게 느껴진다. 같은 길도 어떤 때는 가깝게, 또 어떤 때는 멀고 힘들게 생각된다.

똑같은 모습도 언제는 괜찮았다가 또 언젠가는 마음

에 들지 않게 느껴지고, 무엇이든 할 것 같다가도 금세 아무것도 하기 싫어진다. 지금은 즐거운 일도 나중에는 괴로워질 것이다. 내 안에서는 무분별하고 돌발적인 동요가 숱하게 일어난다. 우울한 기분이 들었다가 화가 치밀기도 하고, 가끔은 고집을 부리거나 짜증을 내기도 하며, 때로는 기쁨과 즐거움에 압도되기도 한다. 어떤 책을 읽다가 우연히 어떤 구절에서 탁월한 아름다움을 발견하면 영혼이 기쁨에 휩싸일 정도로 기쁘지만, 나중에 그 책을 다시 읽어보면 아무리 이리저리 넘겨보고 훑어보아도 그 책은 짜임새 없는 덩어리에 불과하다. 나 자신이 쓴 글에서조차 처음 생각했을 때의 느낌을 항상 찾는 것은 아니다. 하려던 말이 무엇이었는지 알 수 없어서, 더 나았을 처음의 생각을 떠올리지 못하고 고쳐 쓰면서 새로운 의미를 부여하느라 마음고생하며 초조해하기 일쑤다. 나는 그저 오락가락할 뿐이고, 내 판단은 항상 전진하는 것이 아니라 이리저리 헤매고 방황한다.

여러 번 (내가 흔히 하듯이) 연습 삼아 내 의견과 반대되는 의견을 고수하다 보면 내 정신은 거기에 몰두한 나머지 그쪽으로 방향을 틀어 얽매이게 되면서 더 이상 이전에 품었던 생각의 근거를 찾지 못하고 이전 생각을 버리게 된다. 어느 쪽이든 나는 내가 기울어지는 쪽으로 쏠려 나 자신의 무게에 딸려 간다. 나처럼 자기 자신을 들여다본 사람이라면 누구나 자기에 대해 비슷한 말을 할 것이다.

인간의 본질

우리뿐 아니라 사물 중에도 영속하는 실체란 없다. 우리와 우리의 판단 그리고 모든 필멸의 사물들은 끊임없이 구르고 움직이다가 사라진다. 따라서 단정할 수 있는 것은 아무것도 없고, 판단하는 존재나 판단 받는 존재나 모두 끊임없이 변하고 움직인다. 우리는 존재와 아무런 소통도 하지 못한다. 인간의 본질은 항상 탄생과 죽음 사이에 있으며, 자신의 모호한 외양과 그림자 그리고 불확실하고 보잘것없는 의견만 내놓을 수 있기 때문이다.

만약 당신이 인간의 본질을 파악하겠다고 마음먹었다면, 그것은 흐르는 물을 움켜쥐려는 것과 다를 바 없을 것이다. 계속 흐르는 것은 아무리 세게 잡아 붙들더라도 다 빠져나가기 때문이다. 이렇듯 모든 것은 변화하기 마련이라, 그 안에서 진정한 실체를 찾으려던 이성은 영구적으로 존속하는 것을 찾아내지 못하고 실망한다. 모든 것은 존재하면서도 아직 완전히 존재에 도달하지 못했거나, 태어나기도 전에 죽기 시작하기 때문이다.

2권 12장 「레이몽 스봉의 변명」

불신은 공격을 불러온다

"자물쇠로 잠긴 곳은 도둑을 부른다. 그렇지만 열려 있는 곳은 도둑이 지나친다." 여러 방법 중에서도 집에 쉽게 드나들 수 있게 해둔 점이 우리 집을 내란의 폭력으로부터 보호해주었던 것 같다. 방어는 모험심을 유발하고 불신은 공격을 불러온다.

나는 군인들에게 핑계와 구실을 제공했던 군사적 명예의 요소들을 없애버려 그들의 공격 의도를 누그러뜨렸다. 정의가 사라진 시대에는 용감하게 시도한 행위는 무슨 짓이든 명예로운 행위가 된다. 나는 그들이 내 집을 공략하는 일을 비겁하고 배반적인 행위로 여기게 했다. 우리 집은 문을 두드리는 사람 누구에게나 열려 있었다. 경비라고는 오래된 예법과 격식을 갖춘 문지기 한 명뿐으로, 그도 문을 지킨다기보다는 오히려 점잖고 정중하게 문을 열어주는 역할을 한다. 귀족이라면 방비를 제대로 하지 않은 채 방어를 뽐내는 일은 큰 잘못이다. 한쪽이라도 열려 있으면 사방이 열린 것이나 마찬가지다. 우리 조상들은 국경의 수비대를 세울 꿈조차 꾸지 않았다.

집들을 (대포나 군대의 사용 없이) 공격하고 기습하는 방법은 수비하는 방법 이상으로 나날이 증가하고 있다. 사람들의 지혜가 공격하는 쪽으로 점점 발달하고 있다. 침략은 누구나 관심을 가지는 일이지만, 방어는 오로지 부유한 사람들에게만 해당하는 일이다. 우리 집은 시대가 시대인 만큼 방비가 견고한 건축물이었다. 그 방면에 있어서 나는 아무것도 보태지 않았고, 방비가 더 견고해지면 오히려 나에게 해가 되지는 않을까 걱정했다. 평화 시에는 방어 설비를 철거해야 하기도 하고 그것들을 본래대로 복구하지 못할 위험도 있다. 게다가 방비가 견고하다고 해서 안심하기도 어렵다. 내란 중에는 당신의 하인조차 당신이 두려워하는 당파의 사람일 수 있기 때문이다. 또한 종교가 구실이 될 때는 정의라는 명목으로 혈족들조차 믿을 수 없게 된다. 국가 재정이 개인 수비대까지 맡아 유지해줄 수는 없다. 그러다가는 재정이 바닥날 것이다. 그러므로 우리 자신이 파멸하거나, 좀 더 불편하고 부정한 말이지만, 일반 백성 모두 파멸하지 않고는 수비대를 유지할 수 없다. (……)

그렇게 방비를 단단히 한 집들이 대다수 파괴되었으

나 우리 집만큼은 버티고 있는 것을 보면, 그 집들의 방비가 튼튼했기 때문에 오히려 파괴된 것은 아닌지 의심이 든다. 튼튼한 방비는 공격자에게 구실을 제공한다. 모든 방어는 전쟁의 얼굴을 하고 있다. 신의 뜻에 의해 그 전쟁이 나에게 닥칠 수도 있겠지만, 내가 전쟁을 끌어들이지는 않을 것이다. 이곳은 내가 전쟁을 피해 쉴 수 있는 성소이자 은신처이다. 내 영혼의 한 귀퉁이를 지키듯이 나는 사회적 혼란으로부터 이 귀퉁이를 지키고자 한다.

내전이 아무리 그 형태를 바꾸고 새로운 당파들로 분열한다 해도 나는 꿈쩍도 하지 않는다. (내가 아는 한) 나와 같은 신분의 사람 중에서 집의 보호를 하늘에 맡긴 사람은 프랑스에서 나밖에 없다. 나는 그릇이든 팻말이든 재산 증서든 무엇 하나 옮겨놓은 것이 없다. 나는 두려워하지도 않고 나 자신을 지키지도 않을 것이다. 나의 충만한 감사로 신의 가호를 얻는다면 나는 끝까지 안전할 것이고, 그렇지 않더라도 나는 그 기간을 언급하고 기록하기 충분할 만큼 이미 오래 버텨왔다. 그 기간이 삼십 년이라면 충분히 긴 시간이 아닐까?

2권 15장 「우리의 욕망은 난관을 만나면 더욱 커진다」

글을 쓰고 말하는 방법

사실 정신의 효과에 관해 말하자면, 나에게서 흡족할 만한 답이 나온 적이 없다. 남들의 칭찬은 만족스러운 보상이 되지 않는다. 나의 판단 기준은 꽤 까다로운데, 특히 나 자신에 대해서는 더욱 그렇다. 나는 나약해서 여기저기 흔들리고 휘어지는 것을 느낀다. 나에게는 나의 판단을 만족시킬 만한 점이 하나도 없다. 꽤 명확하고 정확한 안목을 갖고는 있지만, 막상 진지한 작품을 마주하면 혼란에 빠져 흐릿해진다. 이런 점은 특히 시에서 가장 분명하게 드러난다.

나는 시를 굉장히 사랑한다. 남의 작품에 대해서는 통찰력도 있고 아는 바도 많지만, 내가 직접 시를 써보려고 하면 초심자 수준을 넘지 못하는데 그런 나 자신을 도저히 참을 수가 없다. 우리는 다른 데서라면 얼마든지 어리석은 수작을 부릴 수 있지만, 시에서만큼은 그렇게 할 수 없다. (……)

나는 내가 이미 구상한 것보다 더 나은 형태를 보여주려고 항상 생각하지만, 그것을 제대로 파악하거나 활용할 수가 없다. 이런 생각 자체가 그저 그런 수준의 생각에 불과하다. 이로써 나는 그 옛날 풍요롭고 위대한 인물들이 내놓은 작품들이 나의 상상과 소망의 극단적인 범위를 훨씬 넘어선다는 결론을 내린다. 그들의 작품은 나를 만족시키고 채워줄 뿐만 아니라 감탄을 자아낸다. 나는 그 아름다움을 판단하고, 전부는 아니더라도 적어도 내가 더 이상 열망할 수 없을 만큼 그 아름다움을 본다. 무엇을 시도하든지 나는 (플루타르코스가 누군가에 대해 말했듯이) 미의 여신들이 내려주는 은총을 얻기 위해 제물을 바쳐야 한다.

그러나 이 여신들은 모든 일에서 나를 저버리고 만다. 내가 하는 일은 조악하고, 거기에는 광택과 아름다움이 부족하다. (……) 나의 재주가 소재에는 아무런 도움도 되지 않는다. 그래서 나는 강력하고 마음을 휘어잡으면서 스스로 빛을 내는 소재가 필요하다. (……) 게다가 나의 말투는 유연하거나 매끈한 맛이 없고 거칠고 제멋대로다. 내 판단으로는 아닐지라도 내 성향으로는 이런 점도 맘에 든다. 하지만 가끔은 너무 기교와 가식을 피하려다 보니 도리어 다른 면으로 빠져든다는 것을 느낀다.

영혼과 육체의 결합

　아름다움은 사람들의 만남과 교제에서 중요한 추천장 역할을 한다. 이것은 사람들이 화해할 때 사용하는 주요 수단이기도 하다. 어떤 식으로든 아름다움이라는 달콤함에 흔들리지 않을 만큼 야만적이고 냉정한 사람은 없다. 육체는 우리 존재에서 큰 역할을 하고 중요한 자리를 차지한다. 그러므로 육체의 구조와 구성 요소들은 중요하게 고려되어야 할 가치가 있다.

　영혼과 육체를 나누어 하나를 다른 하나로부터 떼어 놓으려는 시도는 잘못된 것이다. 오히려 이 둘을 결속시키고 합쳐야 한다. 영혼은 멀리 떨어져 홀로 지내면 안 되고, (어떤 가짜 유인원 같은 수작이 아니라면 그렇게 할 수도 없겠지만) 육체를 멸시하거나 떠날 것이 아니라 육체와 손을 잡고 사랑하고 보살피며 도와주고 바로잡고 충고하며 설득하고, 혹시라도 육체가 흔들리거나 길을 잃으면 바로잡아 끌어와야 한다. 요컨대 영혼은 육체와 맺어져 진정한 짝 노릇을 해야 그 둘의 효과가 상반되거나 갈라지지 않고 조화와 일치를 이룬다.

기독교인들은 이러한 결합에 대해 특별한 가르침을 받는다. 그들은 신의 정의가 영혼과 육체의 이러한 결합을 포용하며 육체는 영원한 보상을 받을 수 있고, 신은 인간의 모든 행동을 지켜보고 있어서 공과에 따라 상과 벌을 내린다는 사실을 알고 있다. (모든 학파 중에서 가장 사교적인) 소요학파는 이러한 영혼과 육체의 결합이 주는 장점을 모두에게 제공하고 전달하는 것이야말로 지혜의 역할이라고 보았고, 이 결합을 충분히 고려하지 않은 다른 학파들이 비슷한 오류에 빠져 어느 학파는 육체를 따지고, 또 어느 학파는 영혼을 따지는 등 서로 편을 갈라서 결국에는 인간이라는 주제에서 그리고 일반적으로 그들의 안내자라고 인정되는 본성에서 멀어졌다고 지적한다. 인간 사이에 존재했던 최초의 구별과 누군가를 다른 사람보다 우월하게 만드는 최초의 배려도 분명히 아름다움의 이점이었을 것이다.

온전히 제멋대로 움직인다

　나는 튼튼하고 활력이 넘쳐 꽤 나이가 들어서도 병으로 고생한 일이 거의 없었다. 예전에는 그랬었지만, 이제 마흔 살이 넘어서는 세월의 흐름을 받아들인다. (……)

　이제부터의 나는 반쪽짜리 존재에 불과할 것이고 더 이상 나 자신도 아닐 것이다. 나는 날마다 나 자신에게서 벗어나 사라져간다. (……)

　나는 재주나 민첩함이라면 아무것도 가진 것이 없지만, 아버지께서는 성품이 훌륭하고 고령이 되어서까지도 쾌활하고 명랑한 성격을 유지하셨다. 신체 활동에서 아버지께 필적할 만한 사람은 거의 없었다. 그와 반대로 중간 정도 하는 달리기를 제외하고는 나를 못 이기는 사람이 거의 없다.

　음악에 있어서는 목소리가 성악에 적합하지 않았고 악기에도 소질이 없어서 어떤 것도 제대로 배우지 못했다. 춤과 테니스, 레슬링에서도 눈에 띄는 실력을 갖추지 못했고, 수영, 펜싱, 높이뛰기, 멀리뛰기는 전혀 못 한다. 손은 너무 뻣뻣하고 둔해서 글자를 쓰기도 힘들 정도이다. 그래서 예전에 써두었던 것을 알아볼 수 없어 애써 고치느니 차라리 새로 쓴다. 그렇다고 해서 더 잘 알아볼 수 있게 되는 것도 아니다.

내가 말할 때는 듣는 사람들이 힘들어하는 것이 느껴진다. 그것만 아니라면 나는 나쁘지 않은 학자였을 테다. 나는 편지를 제대로 봉할 줄도 모르고 펜을 제대로 쓰는 법도 모른다. 식탁에서는 칼질도 잘 못한다. 말에 마구를 채우지도 못하고, 매를 주먹에 멋지게 앉히거나 날릴 줄도 모르고, 개나 새 혹은 말에게 말을 걸지도 못한다. 나의 신체 조건은, 말하자면, 전혀 쾌활하지 않지만 충만하고 억센 원기만 있는 내 영혼과 아주 잘 어울린다. 나는 고되고 힘든 일을 잘 견디지만, 내 의지에 따라 마음이 내켜서 하는 일이 아니라면 그렇지 못하다.

반대로, 내가 어떤 쾌락에 이끌린 것이 아니거나, 순수한 자유 의지 외에 다른 지시를 따라야 한다면 나는 아무 가치가 없을 것이다. 나는 건강과 생명을 위해서가 아니라면 굳이 조바심 내고 근심 걱정하면서까지 얻고자 하는 것이 전혀 없는 상태에 이르렀기 때문이다. (……) 나는 온전히 제멋대로 움직이는 데 익숙한 자유로운 영혼의 소유자다. 여태껏 어쩔 수 없이 모셔야 하는 사람이나 나에게 명령하는 사람이 없었기 때문에 나는 내가 가고 싶은 곳까지 내가 원하는 속도로 걸어왔다. 그러다 보니 점점 약해져서 남에게는 전혀 도움이 되지 않고 오로지 나 자신에게만 알맞은 사람이 되었다.

걱정으로 잠 못 드는 경우는 거의 없지만, 여러 생각들로 잠을 못 이룰 때는 많다. 길을 갈 때에도 마찬가지로 기울거나 미끄러운 쪽은 피하고 비록 진흙투성이라도 더 이상 밑으로 빠지지 않을 좀 더 안전한 쪽을 따른다.

입 밖으로 내뱉은 말의 무게

이 시대에 들어 사람들이 신봉하는 가식과 위선이라는 새로운 덕목들을 나는 그 무엇보다 혐오한다. 모든 악덕 중에서도 이것들만큼 비겁하고 천한 마음을 보여주는 것은 없다고 생각한다. 가면을 쓰고 위장하여 자기를 감추어 있는 그대로 드러내지 못하는 것은 비열하고 비굴한 기질이다. 이 때문에 배신에 길든 사람들은 거짓을 내뱉는 데에 익숙해져서 자기 말을 어기고도 양심의 가책을 느끼지 않는다. 너그러운 마음을 가진 사람은 자기의 생각을 속이지 말고 마음속 깊은 곳의 속내를 드러내 보여야 한다. 그 속에 든 것은 전부 선이거나, 아니면 적어도 모두 인간적인 것이다.

아리스토텔레스는 공개적으로 미워하고 사랑하는 것, 자유롭게 판단하고 말하는 것, 타인의 찬성이나 반대를 얻고자 진실을 매도하지 않는 것이야말로 고결한 사람의 책무라고 생각한다. 아폴로니우스의 말에 따르면 거짓말은 노예나 할 것이고 진실을 말하는 것이야말로 자유인이 할 일이다. 진실은 미덕의 가장 중요하고 근본적인 기반이다. 진실은 그 자체로 사랑받아야 한다. 어쩔 수 없어서 혹은 자신에게 이익이 되기에 진실을 말하는 사람, 아무에게도 상관이 없을 때는 거짓말하기를 두려워하지 않는 사람은 가히 진실하다고 할 수 없다. 내 마음은 기질 자체가 기만을 싫어해서 그것을 생각하는 것조차도 혐오스럽다. 어쩌다가 예상하지 못한 상황이 찾아와 엉겁결에 거짓말을 하게 되면 내 마음속에 수치심이 생겨 가슴이 아프도록 양심의 가책을 느낀다.

    사람은 항상 아는 것을 전부 말할 필요는 없다. 그것은 바보 같은 짓이다. 그러나 입 밖으로 내뱉은 말은 자기 생각과 일치해야 한다. 그렇지 않다면 그것은 악의이다. 진실을 말할 때조차 믿지 못할 사람이 되려는 것이 아니라면 무슨 이익을 기대하며 끊임없이 가장하고 숨기는 것인지 도통 모를 일이다.

기억력이 없으면

기억이란 매우 유용한 도구이며, 그것 없이는 판단이 자기 구실을 하지 못한다. 그런데 나는 이 기억력이 굉장히 모자란다. 누군가 내게 제안할 것이 있다면 조금씩 나눠서 보여줘야 한다. 서로 다른 요점이 여럿 들어 있는 문제에 답하는 일은 내 능력 밖이기 때문이다.

나는 주변에 필기할 수 있는 탁자가 있을 때 외에는 어떤 일도 맡을 수 없다. 만약 긴 내용의 중요한 발표를 해야 할 때는 말해야 하는 단어를 모두 외워야 하는 불편하고 구차한 처지에 놓이게 된다. 그렇게 하지 않으면 필요한 순간에 기억이 나지 않을까 봐 발표를 제대로 하지 못하거나 아예 발표할 엄두를 내지 못한다. 그렇지만 이 방법도 내게 너무 힘든 일이라 시구 세 줄을 외우는 데에도 세 시간이 걸린다. 게다가 긴 담화에서는 끊임없이 소재를 바꿔가며 순서를 변경하고 단어를 고칠 수 있는 자유와 권한을 행사해서 기억하기가 더욱 어렵다.

그런데 내가 기억을 불신할수록 기억은 나를 더 곤란하게 한다. 기억은 우연히 떠오를 때 더 도움이 된다. 무심한 듯 느긋하게 기억을 기다려야지, 그렇지 않고 재촉하면 오히려 기억은 놀라서 달아나고, 그렇게 한 번 흔들리기 시작하면 파고들수록 더 얽히고 복잡해진다. 기억은 내가 원할 때가 아니라 자기가 맘에 드는 시간에 나에게 온다. 그리고 내 기억 속에서 느끼는 바를 나의 여러 다른 부분에서도 느낀다.

나는 명령, 의무, 속박을 피한다. 내가 쉽고 자연스럽게 하던 일도 명시적이고 규정된 지시를 받으면 더 이상 할 수 없게 된다. 심지어 어느 정도 자유와 특수한 권한을 가진 내 몸의 부위들은 필요한 일을 하라고 지시하면 말을 듣지 않는 때가 종종 있다. (……) 다른 문제들에 관한 생각에 몰두해 있는 사람은 자기가 늘 다니는 길을 거의 한 치의 오차도 없이 같은 걸음 수와 속도를 지키며 걸을 것이다. 그러나 만일 그가 주의를 기울여 보폭을 재고 걸음을 세어보려 하면, 그전에는 자연스럽게 잘되던 일도 의도적으로는 전처럼 정확하게 할 수 없다는 사실을 알게 될 것이다.

(시골 서재치고는 꽤 괜찮다고 여겨질) 나의 서재는 우리 집 한쪽 구석에 자리하고 있다. 서재에 가서 찾아볼 것이나

쓰고 싶은 생각이 문득 떠오르면, 나는 혹시 마당을 지나는 동안 생각이 달아날까 두려워 다른 사람이 나 대신 기억해주길 바라기도 한다. 대화 중에는 화제를 조금이라도 벗어나면 놓치고 만다. 그래서 나는 억지로라도 그것과 가장 가까운 내용만 말하려고 애쓴다. 이름을 일일이 기억하는 것이 너무 어렵기 때문에 나는 우리 집 하인들을 부를 때 직급이나 고향의 지명으로 부를 수밖에 없다. 세 음절에 거친 발음이고, 어떤 글자로 시작되거나 끝나는 이름이라고는 말할 수 있겠다. 또한 내가 오래 산다면, 다른 이들이 그랬듯이 내 이름까지 잊어버리지 않을까 염려스럽다.

모른다는 사실을 부끄러워하지 않는다

 빛나는 어떤 특별한 능력이 보이지 않을 만큼 비참하고 우둔한 영혼이란 없다. 아무리 깊이 묻혀 있는 영혼이라도 어느 한쪽 끝은 튀어나와 있기 마련이다. 어찌해서 다른 모든 일에는 눈먼 듯 잠에 빠져 있는 영혼이 어떤 특별한 활동에서는 생생하고 명확하며 특출날 수 있는지는 대가들에게 물어볼 일이다. 그러나 훌륭한 영혼의 소유자들은 보편적이고 개방적이며 무엇이든 준비되어 있어서 교육을 받지 못했어도 적어도 배울 준비는 되어 있다. 이것은 내 영혼을 책망하기 위해 하는 말이다. 나약해서든 무모해서든 (우리 발 앞에 놓인 일, 우리 손안에 있는 일 등 우리 삶과 가장 밀접한 일에 무심한 것은 내 지론이나 신조와는 아주 거리가 멀지만) 모르면 부끄러운, 그런 여러 가지 평범한 일들에 대해 나만큼 단순하고 무지하며 모른다는 사실을 부끄러워하지 않는 사람이 없기 때문이다. 이에 대해 몇 가지 예를 들어보겠다.

 나는 농사일을 하는 시골에서 태어나 자랐다. 내가 지금 누리고 있는 재산을 나보다 앞서 소유했던 분들이 그 자리를 내게 물려주고 떠난 뒤에는 내가 집안 사업과 살림을 맡고 있다. 그런데 나는 펜이나 주판으로 계산할 줄 모른다. 우리가 쓰는 프랑스 동전의 종류도 대부분 모르고, 땅에 심은 것이든 곳간에 보관하는 것이든 아주 두드러지게 다르지 않으면 곡식들의 종자도 잘 구분하지 못하며, 우리 집 마당에 심은 양배추와 양상추의 차이도 잘 모른다. 집 안에서 쓰는 가장 기초적인 도구들의 이름도 알아듣지 못할뿐더러 아이들도 아는 농사의 기본 지식도 모른다. 기계적인 기술이나 상품에 대한 지식, 교역, 과일, 포도주, 식품의 종류와 특성 등은 더욱 모른다. 새를 어떻게 길들이는지, 말은 어떻게 돌보는지, 개는 어떻게 다루는지도 모른다. 창피한 일이지만 전부 말하자면, 누룩이 빵을 만드는 데 쓰이는 것인지도 몰랐다는 사실이 밝혀진 지 한 달도 되지 않았다.

2권 17장 「오만에 대하여」

건강이야말로 보석

건강이란 매우 귀중한 보석이며 시간뿐 아니라 땀과 노고, 재산, 더 나아가 생명까지 바쳐서라도 얻을 가치가 있는 유일한 것이다. 건강 없이는 삶도 괴롭기 때문이다. 쾌락도 지혜도 학문도 미덕도 건강 없이는 빛을 잃고 사그라진다. (……) 분명 내 마음은 건강처럼 견고하고 육체적이며 단단한 쾌락을 상상 속의 정신적이고 바람 같은 쾌락과 바꾸려 할 만큼 부풀어 오르거나 바람이 들지 않았다. 명성이나 영광이 (아이몬의 네 아들들[27]이 얻은 것처럼) 결석 발작을 세 번만 치르면 구할 수 있는 것이라도 나 같은 기질을 가진 사람에게는 너무 비싸다. 신이시여, 제게 부디 건강을 내려주소서!

2권 37장 「자녀와 아버지의 닮음에 대하여」

---

[27] 중세 프랑스의 무훈시.

악의적 즐거움

우리는 공적으로든 사적으로든 불완전성으로 이뤄져 있다. 그러나 자연에는 그 무엇도 불필요한 것이 없으며, 무용함마저도 쓸모없는 것이 아니다. 이 광대한 우주에 들어차 있는 것은 어느 것이나 적재적소에 자리하고 있다. 우리의 존재는 야망, 질투, 시기, 복수심, 미신, 절망 같은 여러 가지 사악한 기질들로 가득하고, 이것들이 우리 내부에 너무나 자연스럽고 단단하게 자리 잡고 있어서 짐승들에게서도 그 모습들을 알아볼 수 있다. 심지어 본성에 어긋나는 잔인함마저도 그렇다. 남이 고통받는 모습을 보며 연민을 느끼면서도 내면에서는 무엇인가 달콤쌉쌀한 악의적 즐거움을 느끼기 때문이다. 이것은 어린아이들도 마찬가지이다.

인간에게서 이 같은 기질의 씨앗을 없애버리려는 사람은 우리 삶의 근본적인 조건들까지 파괴하게 될 것이다. 정치 문제에서도 마찬가지로 일부 필수적인 기능들은 비열할 뿐만 아니라 결함이 있다. 악덕은 그 안에 자리를 잡고 우리 사회를 조직하는 역할을 하는데, 마치 독이 우리의 건강을 유지하는 데 사용되는 것과 마찬가지이다. 이런 악덕들이 우리에게 필요한 일을 한다고 해서 용서받고, 모두의 필요에 따라 그것들의 진짜 모습이 가려진다면, 자기 나라의 안녕을 위해 목숨을 버렸던 옛사람들처럼 자신의 명예와 양심을 희생할 수 있는 강인한 시민들에게 그것들을 맡기도록 하자. 허약한 우리 같은 사람들은 좀 더 쉽고 덜 위험한 일을 맡는 것이 좋다. 공공의 선을 위해서는 배신하고, 속이고, 학살하는 사람도 있어야 한다. 이런 사명은 더 고분고분하고 복종적인 사람들에게 맡겨두자.

3권 1장 「유용함과 정직함에 대하여」

후회가 싫다

다른 이들은 인간을 만들어내지만, 나는 인간을 이야기한다. 그리고 잘못 만들어진 특정한 인간 한 명을 보여주는데, 내가 그 사람을 새로이 만들 수 있다면 그 사람은 지금의 모습과 아주 다를 것이다. 하지만 그는 이미 그렇게 만들어지고 말았다. 그리고 내 그림의 표현들은 비록 다양하게 변하여 다채로워지기는 했어도 잘못 묘사하지는 않는다. 세상은 끊임없이 돌아가고 모든 일이 쉴 새 없이 움직인다. 대지도, 캅카스[28]의 바위들도, 이집트의 피라미드도 모두가 함께 움직이면서도 제각기 움직인다. 항구성 자체도 좀 더 약하게 흔들리는 움직임일 뿐이다. 나는 나의 대상을 고정할 수가 없다. 그것은 취한 듯 휘청거리며 매우 불안하게 움직이기 때문이다.

이런 곤란함 때문에 나는 내가 흥미를 느끼는 순간에 그 대상을 있는 그대로 포착한다. 나는 본질이 아니라 그 과정을 그린다. 이 시대에서 저 시대가 아니라, 혹은 사

---

[28] 흑해와 카스피해 사이에 자리한 산악지역으로, 흔히 영어식으로 코카서스라고 불린다.

람들이 이야기하듯 이번 7년에서 다음 7년이 아니라, 날마다 매 순간의 과정을 그린다. 나의 이야기는 현재에 맞춰져야 한다. 우연에 따라 혹은 의향에 따라 금세 바뀔 수도 있다. 이것은 다양하고 변화무쌍한 사건들이나 막연한 생각들을 따른다. 때로는 내가 다른 나 자신이 되거나 혹은 같은 대상을 다른 상황에서 다른 시각으로 파악하게 된 생각들을 따르기 때문이다. 어쩌면 나는 스스로 나의 말을 부정하는 것인지도 모르지만, (데마데스[29]가 말했듯이) 결코 진실을 부정하지는 않는다. 만일 내 영혼이 고정되어 있다면 나는 나를 시험해보지 않고 결단만 내릴 것이다. 그러나 내 영혼은 여전히 수련 중이며 시험 과정에 있다.

나는 보잘것없고 광채 없는 한 인생을 드러내 보여준다. 결국 모든 게 매한가지다. 모든 도덕 철학은 풍성한 소재로 이뤄진 삶과 마찬가지로 대중적이고 개인적인 삶에도 똑같이 적용되기 마련이다. 사람은 누구나 인간 조건의 형태를 자기 속에 온전히 지니고 있다.

---

29 고대 그리스 아테네의 철학자이자 웅변가.

궤양이 살에 흔적을 남기듯 악덕은 영혼에 회한을 남기며, 항상 스스로 상처를 긁어 피를 흘린다. 다른 슬픔과 괴로움은 모두 없애주는 이성도 후회의 고통은 불러일으키는데, 이 고통은 내면에서 오는 것이라서 더욱 괴롭다. 마치 외부에서 오는 한기나 열기보다 열병에서 생기는 오한과 고열이 더 매서운 것과 같다. (……)

마찬가지로 정직한 본성을 기쁘게 하지 않는 선행은 없다. 선한 일을 통해 우리 자신을 기쁘게 하는 무엇인지 모를 뿌듯함도 있고, 양심에 동반되는 너그러운 자부심도 있는 것이 분명하다. 악한 영혼은 자신을 안정성으로 꾸밀 수는 있지만, 이러한 자족적인 기쁨과 만족감을 줄 수는 없다. 이토록 부패한 시대에 자신은 악덕에 오염되지 않았다고 생각하며 다음과 같이 말할 수 있는 사람의 즐거움이란 절대로 시시한 것이 아니다.

"내 영혼에 들어와 속을 들여다볼 수 있는 사람이라면 내가 다른 사람을 해치거나 파멸하게 하지도 않았고, 복수심과 시기심으로 차 있지도 않았으며, 공공연히 법을 어기지도 않았고, 쇄신이나 소란 또는 반란 따위와도 무관하며, 말을 바꾸었다는 혐의도 없다는 사실을 보게 될 것이다. 방종한 시대이니만큼 누구에게라도 허락되는 일일 테지만, 나는 그 어떤 프랑스인의 물건에 손대거나 지갑을 훔친 적이 없고, 전시에든 평시에든 내가 가진 것만으로 살아왔으며 가난한 사람의 노동을 대가 없이 착취한 적이 없다." (……)

누구라도 갑자기 격정에 사로잡혀 저지르게 되는 악덕에 대해서는 자기 것이 아니라고 부인하거나 부정할 수도 있다. 그러나 오랜 습관에 의해 강하고 억센 의지에 뿌리박은 악덕은 부정할 길이 없다. 후회란 우리의 의지에 대한 부정이며, 우리를 이리저리 헤매게 하는 공상의 반대일 뿐이다. 후회는 인간이 지난날의 미덕과 순결을 부인하도록 만든다. (……)

이런 타고난 기질들은 뿌리 뽑을 수 없고 그저 가리고 숨길 수 있을 뿐이다. 나는 마치 타고난 천성과도 같은 라틴어를 프랑스어보다 더 잘 알아듣는다. 하지만 이미 40년 동안 말하는 데에도, 글을 쓰는 데에도 라틴어를 사용하지 않았다. 그렇지만 정정하시던 아버지께서 의식을 잃고 내 쪽으로 쓰러지셨을 때처럼 갑작스럽고 격한 감정에 빠졌던 경우가 철이 든 이후로 두세 번 있었는데,

그럴 때마다 나도 모르게 내뱉은 첫 몇 마디는 항상 라틴어였다. 이렇듯 본성은 오랜 습성을 뚫고 튀어나와 자신을 드러낸다. (……)

우리의 경험이 흘러가는 과정을 잠시 생각해보라. 누구나 (자신에게 귀를 기울이면) 자기 안에서 기교와 교육에 맞서 그리고 마음과 상반되는 격정이라는 폭풍에 맞서 싸우는 어떤 흔들리는 형체를 발견하게 된다. 그러나 기질에 대한 것이든 직업이나 소명에 관한 것이든 간에, 그토록 자주 반복되고 계획되고 떠올리는 죄들이라면, 나는 그 죄를 저지른 자의 이성과 양심이 내적으로 끊임없이 허용하고 바라지 않고서는 그렇게 오랫동안 한 사람의 마음속에 눌러앉을 수 없으리라고 생각한다. 그리고 그런 사람들이 자랑하듯 어떤 정해진 때가 되어 찾아왔다는 회개라는 것을 나로서는 좀처럼 상상하거나 그려보기가 어렵다. (……)

만약 누군가가 자기의 삶과 조건을 신앙심에 맞춘 것이 아니라면, 내가 보기에 신앙심만큼 위조하기 쉬운 기질도 없다. 신앙심의 본질은 난해하고 숨겨져 있지만 그 외양은 꾸미기 쉽고 눈에 잘 띄기 때문이다.

나에 대해 말하자면, 나는 대체로 지금과 다른 사람이 되길 바랄 수도 있다. 나는 나의 일반적인 모습을 비난하고 불쾌하게 여길 수도 있고, 신께 간청하여 나를 완전히 개조해달라고, 타고난 결함을 용서해달라고 할 수도 있지만, 내가 천사나 카토가 되지 못한 것은 단지 불만일 뿐이듯, 이것을 후회라고 부를 수는 없을 것이다. (……)

나이 든 지금과 젊은 시절의 행실을 비교해보면, 나는 한결같이 (내 나름의 방식으로) 일관성 있게 행동해왔던 것 같다. 이것이 내가 저항할 수 있는 한계이다. 뽐내려고 하는 말이 아니다. 이런 상황이 다시 오더라도 나는 마찬가지일 것이다. 나를 물들인 것은 전체적인 염색이지 얼룩진 점 하나가 아니다. 나는 피상적이고 어중간하며 의례적인 후회를 모른다. 후회라고 부르려면 먼저 나의 온몸에 배어들어 오장육부를 꼬집고, 신께서 나를 내려다보시듯 깊고도 애끊는 고통을 주는 것이라야 한다. (……)

그뿐만 아니라 나는 나이가 들면 으레 따르는 후회가 싫다. 옛사람이 말하길 세월이 흐르니 탐닉에 빠지지 않게 되어 감사하다고 하는데, 나는 이와 생각이 다르다. 나이가 들어서 생긴 무기력을 절대로 감사히 여기지 않을 것이다. (……) 늙으면 식욕도 사라진다. 한바탕 배를 채운 후에는 깊은 포만감에 사로잡힐 뿐, 거기에서 나는 어떤 의식도 찾아볼 수 없다. 울적함과 나약함은 우리 마음속에 비굴하고 우울한 덕성을 새겨넣는다. (……)

나는 예전에도 젊음과 쾌락 때문에 (관능 속에 깃든) 악덕의 얼굴을 알아보지 못한 적이 없었고, 지금도 세월이 안겨준 혐오감 때문에 악덕에 깃든 관능의 얼굴을 알아보지 못하는 것은 아니다. 이제 더 이상 젊지는 않지만, 나는 여전히 그때와 마찬가지로 판단한다. 신중하면서도 힘차게 나의 이성을 살펴보는 나는 지금의 이성과 내가 한창 방탕하고 문란했던 시절에 나를 사로잡았던 이성이 같은 것임을 알게 된다. (……)

만일 예전의 색욕을 이성 앞에 가져다놓는다면 거기에 대항할 이성의 힘이 예전보다는 약하지 않을까 걱정스럽다. 이성이 그 자체로 판단력이 향상되었다거나 더욱 명확해졌다고는 생각하지 않기에, 지금 이성이 판단하는 바는 예전과 별반 다르지 않을 것이다. 그러니 어떤 발전이 있었더라도 그것은 여전히 결함이 있는 상태일 뿐이다. (……)

나는 누려야 할 건강이 있을 때, 최대한 나를 바로잡고 조절했다. 노쇠의 비참함과 역경이 젊은 시절의 건강하며 활력 넘치던 모습을 넘어선다면, 그리고 과거의 내 모습이 아니라 더 이상 그렇지 않은 내 모습으로 평가받아야 한다면 나는 수치스러워 화가 날 것 같다. (……)

　그러므로 나는 돌발적이고 고통스러운 쇄신을 단념한다. 신께서 우리에게 용기를 주셔야 한다. 우리의 양심은 색욕의 약화에 의해서가 아니라 이성의 강화를 통해서 스스로 바로잡아야 한다. 관능 그 자체는 흐릿하고 침침한 눈으로는 식별하지 못할 정도로 희뿌옇거나 퇴색하지는 않았다. 우리는 신께서 명한 바를 존중해 절제와 정숙을 그 자체로 사랑해야 한다. 염증으로 우리에게 남은 것이나, 결석증 탓으로 내가 얻게 된 것은 절제도 정숙도 아니다. 누구라도 관능이 가진 우아함과 강력한 힘 그리고 그 매혹적인 아름다움을 보지도 못하고 알지도 못하면서 경멸한다거나 타도한다고 우쭐댈 수는 없다. 나는 젊음도 늙음도 다 알기 때문에 이렇게 말할 수 있다. 하지만 우리의 영혼은 젊은 시절보다 늙었을 때 더욱 성가신 질병과 결함에 시달리게 되는 것 같다. 수염도 안 난

애송이의 말이라며 면박을 당하던 젊은 시절에도 나는 이렇게 얘기했고 희끗희끗한 턱수염 덕분에 권위가 생긴 지금도 똑같이 말한다.

    우리는 까다로운 성미와 현재에 대한 염증을 지혜라고 부른다. 하지만 사실 우리는 악덕을 버리지는 못하면서 고쳐보려고만 하는데, 내가 보기에는 개선하긴커녕 더욱 악화시키고 있다. 노년에는 어리석고 노쇠한 자부심, 따분한 잡담, 어울리기 힘들고 까칠한 성미, 미신 그리고 사용할 기회도 없는 재산에 대한 염려 외에도 많은 시기와 불의, 악의를 발견하게 된다. 노년은 우리의 이마보다도 우리의 정신에 더 많은 주름을 새긴다. 늙어가면서 시큼하고 퀴퀴한 냄새를 풍기지 않는 영혼은 없다. 만약 있더라도 굉장히 드물다.

노화를 미룬다

노화가 매일 일으키는 변모를 여러 지인을 통해서 보지 않았던가? 그것은 자각할 수 없을 정도로 자연스럽게 천천히 다가오는 강력한 질병이다. 노년이 우리에게 짊어지우는 결함들을 피하거나 혹은 적어도 그 진행을 늦추기 위해서는 굉장히 많이 알아보고 성찰하고 주의를 기울여야 한다. 내가 구축한 온갖 방어벽에도 불구하고 그것이 한 걸음씩 나에게 밀려 들어오는 것이 느껴진다. 나는 힘닿는 데까지 버티는 중이지만 결국에는 어디에 다다를지 알 수 없다. 어찌 되었든 내가 어느 단계에서 쓰러졌는지를 세상 사람들이 알아준다면 나는 만족할 것이다.

3권 2장 「후회에 대하여」

세 가지 교제

친구: 이런 교제의 목적은 그저 친분을 쌓고 자주 만나서 이야기하는 것일 뿐이라서, 정신의 단련 외에는 다른 소득이 없다. 내게는 우리 대화에 등장하는 어떤 주제든 모두 비슷하므로, 무게나 깊이가 없다고 해도 상관없다. 거기에는 늘 우아함과 적절함이 부족하지 않고, 어디에나 성숙하고 일관된 판단이 녹아 있으며, 선의와 솔직함, 유쾌함과 다정함이 섞여 있다. 우리의 영혼은 법률이나 왕실에 관련된 문제에서뿐만 아니라 사적인 대화에서도 그 아름다움과 힘을 드러내 보여준다. 나는 나와 잘 맞는 사람들을 그들의 침묵과 미소만으로도 알아볼 수 있는데, 진지한 회의실에서보다는 식탁에서 더 잘 찾아낸다.

여성: 아름답고 정숙한 여성들과의 교제 역시 나에게 달콤한 즐거움을 선사한다. (……) 모든 생각을 거기에 쏟아부어 맹렬하고 무분별한 애착에 사로잡히는 일은 어리석은 짓이다. 그러나 다른 한편으로는 사랑이나 의지 없이 나이와 관습에 따라 정해진 전형적인 역할을 연기

하는 희극배우들처럼 마음에도 없는 말만 떠들어대는 것은 안전을 도모하고자 하는 비겁한 짓이다.

책: 사실 나는 책을 전혀 모르는 사람들과 마찬가지로 책을 잘 꺼내 읽지 않는다. 나는 구두쇠가 금을 즐기듯이 책을 즐기는데, 내가 원할 때면 언제든지 즐길 수 있다는 사실을 알기에 그것들을 소유하고 있다는 권리만으로도 내 영혼은 뿌듯하고 만족스럽다. 나는 평화로울 때나 전쟁 중일 때나 책 없이는 여행하지 않는다. 물론 며칠이고 몇 달이고 책을 들춰보지 않고 지내기도 한다. 조금 있다가, 아니면 내일, 혹은 다음에 마음 내킬 때 읽겠다고 생각하는 사이에 시간이 훌쩍 지나가지만 그렇다고 크게 마음이 쓰이지는 않는다. 책들이 항상 옆에 있어서 내가 원할 때면 언제든지 즐거움을 줄 수 있고 그것들이 내 삶에 얼마나 많은 도움을 주는지를 떠올리면 큰 위로가 되기 때문이다.

책은 내가 인생이라는 여행길에 갖춘 최고의 장비이며, 분별력 있는 사람들이 이것을 준비하지 못한 경우에는 동정심을 느낀다. 책이 나에게서 멀어질 일이 없으니 나는 아무리 하찮은 것이라도 온갖 종류의 유흥을 모두 받아들인다. 집에 있을 때면 나는 대개 서재에 머물며 그곳에서 한꺼번에 집안일을 살핀다.

서재가 우리 집 정문 위에 있어서 정원, 양계장, 앞마당이 모두 내려다보이고 집 안 구석구석까지 다 살필 수 있다. 서재에서 나는 이 책 저 책을 특별한 생각 없이 뒤적이며 들춰본다. 이리저리 거닐면서 몽상에 잠기기도 하고 때로는 혼자 중얼거리기도 하면서 생각나는 것을 적어본다. 서재는 탑의 4층에 있다. 2층은 예배실이고 3층은 침실과 그 부속실인데, 혼자 있고 싶을 때는 거기에 누워 있는다. 위에는 커다란 옷장이 있다. 예전에는 서재가 집에서 가장 쓸모없는 장소였다.

나는 서재에서 내 인생의 대부분과 하루의 대부분을 보낸다. 밤에는 절대 거기에 머물지 않는다. 서재 옆에는 상당히 깔끔한 작은 방이 있는데 적당한 창문이 나 있으며 겨울에는 불도 피울 수 있다. 그리고 내가 (다른 일은 아무것도 못 하게 될 수도 있다는 생각으로) 관리와 비용을 걱정하지 않았다면, 아마도 어렵지 않게 양쪽으로 길이 백 보에 너비 열두 보쯤 되는 복도를 냈을 것이다. 다른 벽들은 이미 용도에 맞게 필요한 만큼의 높이로 쌓아 올렸다.

은둔 장소에는 걸어 다닐 공간이 필요하다. 앉아만 있으면 생각은 잠들어버린다. 두 다리가 모두 움직여야 나아갈 수 있는 것처럼 정신도 혼자서는 나아갈 수 없다. 책 없이 공부하는 사람들도 이와 같다. 서재는 둥근 모양이고 평평한 바닥이라고는 내 탁자와 의자가 놓인 곳이 전부다. 그리고 둥근 벽면을 빙 둘러 내 책 전체가 다섯 단으로 정렬되어 있어 한눈에 들어온다. 이 방에는 탁 트인 전망이 보이는 창문이 세 개 있고 지름 열여섯 보 정도의 공간이 있다. 겨울에는 그곳에 오래 머물기 어렵다. 우리 집이 (그 이름이 말해주듯)[30] 언덕에 걸쳐 있는 데다가 내 서재는 다른 곳들보다 더 심하게 바람이 들기 때문이다. 그러나 외딴곳에 떨어져 있으니 운동할 수 있다는 이점도 있고 찾아오기도 힘드니 사람들로 인해 번거로워질 우려도 없어서 이곳이 더욱 마음에 든다.

서재는 나의 공간이자 나만의 왕국이다. 이 안에서 나는 온전한 통치권을 휘두르며, 아내나 자식, 지인들, 그 모든 공동체에서 벗어나 혼자 지내려 한다. 그 밖의 다른

30　몽테뉴는 산이라는 뜻이다.

곳에서는 본질적으로 분명하지 못한 그저 말뿐인 권위만 가지고 있다. 집 안에서 온전히 자기 자신일 수 있는 곳, 특별히 아끼는 장소나 마음대로 숨어들 수 있는 곳을 갖지 못한 자는 비참할 것 같다.

3권 3장 「세 가지 교제에 대하여」

고통스러운 생각에 사로잡히면

　나는 예전에 나의 기질 때문에 심각한 비탄에 빠져 지낸 적이 있었는데, 심각하다기보다는 오히려 당연한 비탄이었다고 해야겠다. 내가 그저 내 힘에만 의지했다면 아마도 이겨내지 못했을 것이다. 그런 기분에서 빠져나오기 위해 관심을 돌릴 만큼 강렬한 것이 필요했던 나는 애써 기교와 연구를 통해 사랑을 하게 되었다. 사랑은 우정으로 인해 생긴 고통에서 나를 건져내고 위로해주었다. 다른 모든 일에서도 마찬가지이다. 고통스러운 생각에 사로잡히면 그것을 억제하거나 극복하기보다는 다른 데로 관심을 돌리는 방법이 더 쉽다. 정반대되는 생각으로 대체할 수 없다면 그냥 다른 생각으로 대신하면 된다. 이렇게 생각을 바꾸면 위안을 얻고, 문제가 풀리고, 번민이 사라진다. 고달픈 생각에 맞설 수 없다면 그것을 피하고 벗어나기 위해 도망쳐 달아난다. 장소와 일거리, 어울리는 사람들을 바꿔가면서 다른 생각과 오락거리에 파묻혀 고달픈 생각이 나를 쫓아오지 못하게 하는 것이다.

3권 4장 「기분 전환에 대하여」

꼰대가 되지 않기 위해

노년기에 접어드니 나 자신을 지나치게 꾸짖고 나무라며 가르치고 훈계하게 된다. 예전에는 지나치게 쾌활했던 내가 지금은 과도한 엄격함에 빠져서 쉽게 짜증을 내고 까다롭게 군다. 그래서 요즘은 일부러 음탕한 유혹에 어느 정도 굴복하고, 가끔은 경박하고 치기 어린 생각이 들어도 그대로 놓아두어 정신의 휴식을 얻는다.

이제 나는 너무도 진부하고 무겁고 노쇠해졌다. 세월은 날마다 나에게 냉철과 절제를 알려준다. 나의 몸은 무질서를 피하고 두려워하는데, 이제는 몸이 정신의 개조를 지시할 차례다. 몸은 자신의 차례가 되자 더욱 혹독하고 강압적으로 통치권을 휘두른다. 잘 때나 깨어 있을 때나 몸은 한시도 쉬지 않고 나에게 죽음과 인내와 회개의 교훈을 전한다. 지난날 쾌락으로부터 나 자신을 지켜왔듯이 나는 이제 절제에 맞서 나를 지키고 있다. 절제가 나를 너무 뒤로 끌어당긴 나머지 어리석음에 이르게 되었기 때문이다.

이제 나는 모든 면에서 나 자신의 주인이 되고자 한

다. 지혜에도 과도함이 있는 법이니 어리석음 못지않게 지혜에도 절제가 필요하다.

건강이 주는 기쁨

우리 성현들이 정신의 놀라운 움직임을 탐구하면서 신성한 황홀감, 사랑, 전쟁 같은 격렬함, 시, 포도주를 거론했지만, 나의 봄날 같던 시절과 평온함이 내게 가져다주던 것과 같이 끓어오르고 활기차며 충만하고 기쁨을 주는 건강을 제대로 지목하지 않았다는 사실은 비난받아 마땅하다. 이 쾌활함의 불길은 우리 정신 속에 타고난 광휘를 넘어 강렬하고 환한 불꽃을 일으키고, 가장 열정적이지는 않더라도 활활 타오르는 열광이나 영감을 느끼게 해준다.

엄격함에 대한 혐오

나는 즐겁고 예의 바른 신중함을 좋아하고, 거칠고 엄격한 행동은 싫어하며, 퉁명스럽고 고집스러운 표정은 수상하게 여긴다. (……)

미덕은 유쾌하고 기분 좋은 자질이다. 내 자유분방한 글을 못마땅해하는 사람이 별로 없다는 사실을 알고 있으며, 나 역시 그들의 생각이 자유분방하다고 해서 못마땅해할 이유가 없다. (……)

나는 삶의 즐거움들을 흘려보내면서 불행에만 매달려 사는 고집스럽고 음울한 정신을 싫어한다. 그것은 마치 윤기 있고 매끄러운 몸에는 달라붙지 못하고 우둘투둘하고 거친 곳에만 달라붙는 파리들, 또는 나쁜 피만 빨아들이는 부항단지와 같다. 게다가 나는 하고자 하는 말이 있으면 과감하게 이야기하리라 결심했고, 밝힐 수 없는 생각이라면 아예 떠올리기조차 불쾌하다. 내 행동과 방식 중 가장 좋지 않은 어떤 것이라도 그것을 감히 고백하지 못하는 추하고 비겁한 태도보다 흉하지는 않을 것이다.

더 솔직해지고 싶다

나는 나 자신을 알리고 싶은 갈망이 있는데, 진실이기만 하다면 얼마나 많이 알려지든 상관없다. 혹은 더 좋게 말해서 나는 아무것도 갈망하지 않지만, 내 이름을 알게 된 이들에게 오해받는 일은 죽을 만큼 싫다. (······)

그토록 자연스럽고 필수적이며 당연한 생식행위는 무슨 이유로 부끄러움 없이는 말을 꺼내기도 두렵고, 진지하고 점잖은 담화에서는 배제되는가? 우리는 대담하게도 '뺏는다, 죽인다, 배신한다' 등의 말은 하지만 생식행위에 대해서만은 감히 입에 담지 못한다.

우리가 입 밖으로 덜 내뱉을수록 그것에 관한 생각은 더 키울 수 있는 권리를 가지게 되는 것일까? 가장 덜 사용되고 글로 잘 쓰이지 않지만 가장 잘 읽히는 단어들이야말로 속속들이 널리 알려진 것들이다. 그것은 시대와 풍속을 막론하고 빵만큼이나 잘 알려져 있다.

그런 말들은 굳이 표현되지 않고도, 소리나 형태가 없어도 누구에게나 각인되어 있다. 그리고 이런 경우가 가장 많은 성(性)은 가장 많이 억압받는 대상이기도 하다.

그것은 우리가 침묵이라는 보호구역 안에 가둬놓은 행위이며, 고발하고 판단하기 위해서일 경우에라도 그것을 끄집어내는 일은 범죄가 된다. 그것을 단죄할 때도 에둘러 비유와 상징으로만 표현해야 한다.

좋은 결혼이란

나는 미모와 욕정에 이끌려 성사된 경우보다 더 빨리 실패하고 갈등에 빠진 결혼을 본 적이 없다. 결혼에는 좀 더 탄탄하고 변함없는 기초가 필요하며 조심스럽게 진행되어야 한다. 저 들끓는 젊음의 열정은 결혼에 아무 쓸모가 없다. (……) 좋은 결혼이란 (만약 그런 것이 있다면) 사랑에 따른 동반과 조건을 거부하고, 오히려 우정의 조건을 제시하려고 노력한다. 가정은 불변성과 신뢰감, 유익하고 확고한 역할 그리고 상호 의무로 가득한 달콤한 인생의 공동체다. 이런 결혼의 맛을 제대로 아는 여성이라면 남편의 정부(情婦) 노릇만 하고 싶지는 않을 것이다. 남편의 애정 속에 아내로 자리 잡은 여성이라면, 그녀의 지위는 훨씬 더 명예롭고 확실한 것이다.

가장 나다운 글

그들의 언어는 자연스럽고 한결같은 활력으로 빈틈없이 가득 차고 풍성하여, 꼬리뿐만 아니라 머리, 배, 두 발까지 온통 금언 그 자체라고 할 수 있다. 억지도 없고 뒤틀거나 늘여 빼는 것도 없이 모두가 한결같이 고르게 나아간다. 글의 전체적인 짜임새가 남자다워서 미사여구라는 꽃에는 관심이 없다. 그것은 공격적이지 않을 뿐이지 부드러운 웅변은 아니며, 활기차고 견고하다. 또한 정신을 채워주고 황홀하게 만드는데, 특히 가장 강력한 정신을 황홀경에 빠트리기 때문에 그다지 즐거운 것만은 아니다. 그토록 생생하고 깊이 있게 자신을 나타내는 탁월한 표현 방식을 볼 때면 나는 훌륭한 말이라고 하지 않고 훌륭한 생각이라고 한다. (……)

언어는 훌륭한 정신들을 다루고 사용할 때 그 가치가 더해지는데, 그것들이 언어를 쇄신하기보다 활기차고 다채로운 방법으로 부풀리고 비틀고 늘려 유연하게 만들기 때문이다. 훌륭한 정신들은 언어에 새로운 단어를 가져다주는 것이 아니라 언어 자체를 풍요롭게 하며, 그 의

미와 용법에 무게와 깊이를 더하고, 익숙하지 않은 움직임을 현명하고 교묘한 방식으로 알려준다.

이런 재능을 펼치는 이가 얼마나 드문지는 이 시대의 프랑스 작가들을 통해 확인할 수 있다. 그들은 너무 대담하고 오만해서 상투적인 길을 따르지 않으려고 하지만, 창의성이 모자라고 판단력이 부족해서 길을 잃고 만다. 그들에게서 볼 수 있는 것은 괴상한 용어를 사용하면서 드러내는 허세, 즉 소재를 드높이기는커녕 무너뜨리는 터무니없는 겉치레뿐이다. 그래서 그들은 참신함에만 탐닉할 뿐 그 효과에 대해서는 신경 쓰지 않는다. 새로운 단어를 붙들기 위해 그들은 더 중요하고 강력한 일반적인 단어를 버린다. 내가 보기에 우리 언어에 어휘는 충분하나 용법은 조금 부족한 것 같다. 말을 빌려올 수 있는 넉넉한 토양인 우리의 사냥 및 전쟁 용어로 만들지 못할 문장은 없을 것이기 때문이다. 옮겨 심으면 개량되고 더 튼튼해지는 풀과 나무처럼 말의 형태도 변화를 통해 화려하고 우아해진다.

나는 글을 쓸 때 책을 곁에 두거나 책의 내용을 기억해 떠올리지 않는다. 나의 작업에 방해가 될까 염려되기 때문이다. 사실 훌륭한 작가들은 나를 너무나 압도하고 낙담시켜 의욕을 꺾기 일쑤다. 어떤 화가는 수탉을 엉망으로 그려놓고는 아이들에게 진짜 수탉이 자신의 화실에 들어오지 못하게 하라고 지시했다는데, 나는 기꺼이 이 화가의 방법을 흉내 내본다.

이런 나의 목적을 위해서는 나를 도와주거나 구해줄 사람이 없는 외딴 시골집에서 글을 쓰는 것이 편하다. 이곳에서는 주기도문의 라틴어를 이해하는 사람이나 프랑스어를 알아듣는 사람을 만날 일도 별로 없다. 내 글의 주된 목적이자 완성은 온전히 나의 글이 되는 것인데, 다른 곳에서라면 글을 더 잘 썼을 수도 있겠지만, 그렇게 되면 그 글을 온전한 나의 글이라고 할 수 없을 것이다. 내가 워낙 부주의하게 글을 쓰기 때문에 그 과정에서 우연히 발생한 오류들은 고칠 것이다. 그러나 내 안에 있는 일상적이며 끊임없는 불완전성을 빼놓는다면 그것은 일종의 배신행위일 것이다.

노년의 사랑

사람들 이야기처럼 육체가 정신에 해를 끼치면서면서까지 자신의 욕구를 따라가서는 안 된다는 말은 일리가 있다. 그렇다면 정신도 육체에 해가 될 때까지 자신의 욕구를 추구해서는 안 된다는 말 역시 옳지 않겠는가? 나를 숨 막히게 하는 다른 열정은 없다. 남들은 탐욕이나 야망, 불화, 소송 등에 얽매어 있으나 나처럼 정해진 직업이 없는 사람에게는 다행히도 사랑이 그런 열정의 대상이 된다.

사랑은 나에게 경각심, 절제, 우아함 그리고 내 용모를 살피는 관심을 되돌려줄 것이다. 그리고 나이 들어 (일그러지고 형편없이 찌그러진) 주름지고 찌푸린 표정이 내 얼굴을 망가뜨리지 않도록 보호해주고, 나를 진지하면서 건전하고 지혜로운 학문으로 끌고 와 내가 더 많은 사랑을 얻고 더 높이 평가받을 수 있도록 할 것이다.

사랑은 내 영혼이 자기 자신과 그 쓸모에 대한 절망에서 벗어나 스스로 깨치도록 하고, 이런 노년이 가져온 대책 없는 무료함과 고약한 건강 상태로 인해 생기는 수

천 가지 귀찮고 지루한 생각이나 우울하고 짜증 나는 걱정에서 벗어나게 해줄 것이다. 사랑은 이제는 자연이 저버린 피를 꿈속에서나마 뜨겁게 달구어주고, 파멸을 향해 달려가는 어리석고 비참한 인간의 처진 턱을 받쳐주고 긴장을 풀어주어 다소나마 삶에 활력과 즐거움을 되찾아주리라.

3권 5장 「베르길리우스의 시구에 대하여」

정복자들의 모순

우리 세계는 최근에 또 다른 세계를 발견했다. (지금까지 그런 세계가 있는 줄은 귀신들도 무녀들도 그리고 우리도 모두 몰랐으니, 이것이 마지막 미지의 세계라고 누가 장담할 수 있겠는가?) 이 세계는 우리 세계 못지않게 땅도 넓고 사람도 많으며 풍요롭고 강력하지만, 너무도 새롭고 너무나 어린아이 같아서 아직 A, B, C를 배우고 있는 상태다. 오십 년 전만 해도 그들은 문자도, 저울이나 자도, 의복도 곡식도 포도도 몰랐다. 그들은 벌거벗은 채 어머니인 대자연의 품에 안겨 어머니의 양분으로만 살아가고 있었다. (……)

그곳은 오염되지 않고 해롭지도 않은 아이 같은 세상이었다. 우리는 그들을 채찍질하여 우리의 규율에 복종하게 하지 않았고, 우리의 가치나 자연적 힘의 우월함으로 그들을 훈련하지도 않았다. 또한 우리는 그들을 우리의 정의와 선의로 가르치지 않았고, 우리의 관대함으로 굴복시키지도 않았다. 그들이 내놓은 답변이나 우리가 그들과 맺은 수많은 협상 대부분을 보면 그들의 타고난 정신이 탁월하고 명석하며 적절하다는 점을 확인할 수 있다.

쿠스코와 멕시코의 도시들은 놀랍도록 경이로운 웅장하다. 그리고 그 가운데에서도 특히 그곳 왕의 감탄할 만한 정원에는 황금으로 만든 온갖 나무와 열매, 꽃과 풀들이 나름의 순서와 중요도에 따라 진열되어 있었다. 마찬가지로 왕의 전시실에는 그곳의 땅과 바다에서 나오는 모든 생물이 금으로 주조되어 있었다. 또한 그들이 보석이나 깃털로, 혹은 옷감과 물감으로 만든 작품들의 절묘한 아름다움을 보면 기교 면에서 그들이 우리에게 조금도 뒤지지 않는다는 점을 알 수 있다. 게다가 신앙심, 준법정신, 아량, 정직함, 자유로움, 충실함, 솔직함 등에 있어서는 우리가 그들보다 뒤처지는데, 이것이 오히려 우리에게는 도움이 되었다. 그들은 이런 점 때문에 패배하고 팔려가고 배신당했다.

대담함과 용기에 대해 그리고 고통과 굶주림, 죽음에 맞선 불굴의 결의에 대해 말하자면, 나는 그들에게서 발견한 사례들을 우리 구세계가 기억하는 고대의 유명한 사례들과 비교할 만하다고 주저없이 말할 수 있다. 그들을 제압한 자들이 그들을 속이기 위해 사용한 책략과 간계는 차치하더라도, 누가 살고 있으리라고 생각해본 적도 없는 머나먼 곳 어딘가에서 언어도 종교도 풍습도 생김새도 용모도 다른 털북숭이 남자들이 알 수 없는 거대한 괴생명체에 올라탄 모습으로 난데없이 들이닥쳤을 때, 말이라는 동물을 한 번도 본 적이 없었을 뿐만 아니라 사람을 태우거나 짐을 싣고 다니도록 길들인 다른 동물도 없었던 그들이 느꼈을 놀라움을 상상해보자.

우리의 강철 무기를 뚫을 수 있는 지식도 기술도 소재도 없던 그들은 눈부신 거울이나 칼을 기적이라 여겨서, 번들거리고 단단한 껍데기로 몸을 두른 채 날카롭고 번쩍거리는 무기를 갖춘 자들에게 황금과 보석, 진주 같은 보물들을 건네며 그것들과 맞바꾸고자 했다. 게다가 한 번도 경험한 적 없는 우리의 대포와 화승총이 내뿜는 불꽃과 천둥소리를 마주했으니 제아무리 용맹한 카이사르라도 당황하고 겁을 먹었을 것이다. 천을 짜서 옷을 만들어 입던 지역을 제외하면 대부분 벌거벗은 데다가 기껏해야 활과 돌, 몽둥이 그리고 나무 방패 말고는 다른 무기가 없던 그 사람들은 생소하고 처음 보는 물건들을 보고 싶다는 호기심에 사로잡혀 거짓 우정과 호의에 넘어가 기습을 당한 것이다. 이렇듯 불평등하게도 정복자들이 가지고 있던 유리한 점들이 없었다고 가정하면, 그토록 많은 승리로 이어진 전투 자체가 개시되지 않았을 것이다.

수천 명의 남자와 여자와 아이들이 자신들의 신과 자유를 지키기 위해 피할 수 없는 위험에 자신을 내던지는 저 대담한 불굴의 열정을 볼 때, 그리고 자기들을 그토록 가증스럽게 속여 넘긴 자들의 지배에 복종하기보다는 기꺼이 최악의 곤경과 난관을 견디고 죽음마저 감당해 내며, 심지어 어떤 이들은 비겁하게 승리를 거둔 자들에게 먹을 것을 얻느니 차라리 굶어 죽기를 선택하는 숭고한 고집을 볼 때, 만약 우리가 무기나 경험, 혹은 수적 차이 없이 대등한 조건에서 그들을 공격했다면 우리가 경험한 여느 전쟁에서보다 훨씬 더 위험한 지경에 빠졌을 것이라고 예상할 수 있다.

영광스러울 수 있었던 정복 사업이 어째서 알렉산드로스나 고대 그리스인과 로마인들의 시대에는 일어나지 않았을까? 그랬더라면 수많은 제국과 민족들이 겪은 위대한 변화와 개혁이 그들의 야만성을 제거하고 미개한 부분을 다듬어 고치게 하여 자연이 그곳에 뿌려둔 좋은 씨앗들을 잘 키워냈을 테고, 우리가 이루어놓은 대지의 경작과 도시의 장식에 필요한 기술이 전해졌을 뿐만 아니라 이 민족들의 덕성에 그리스와 로마의 덕성을 더할 수 있지 않았을까? 만약 우리가 그곳에서 처음 보여준 모범과 행실과 정책이 그곳 사람들에게 감탄과 모방을 불러일으키고 그들과 우리 사이에 형제와 같은 동맹관계가 형성되었더라면 온 세상은 얼마나 훌륭하게 바뀌고 나아졌을까? 대체로 타고난 성향이 온순하며 배움에 굶주린 순수하고 어린 그곳의 영혼들을 교화하고 기독교적 교훈을 전하는 일이 얼마나 쉬웠을까?

그러나 오히려 우리는 그들의 무지와 미숙함을 이용하여 우리의 방식과 관습에 따라 그들을 쉽게 배신, 사기, 사치, 탐욕 그리고 온갖 비인도적이고 잔인한 행위로 끌어들였다. 일찍이 상거래와 교역 활동에 이토록 비싼 대가를 치르게 했던 자들이 있었던가? 수많은 도시가 약탈당하고 사라졌으며, 수많은 나라가 파괴되고 무너졌다. 수백만 명의 죄 없는 사람들이 성별, 국가, 나이와 상관없이 칼에 찔려 학살당했다. 세상에서 가장 풍요롭고 가장 아름답고 가장 멋진 곳이 진주와 후추 무역으로 인해 파괴되어 쑥대밭이 되었다. 일찍이 그 어떤 야망도, 그 어떤 공공연한 적의도 사람들을 부추겨 이토록 끔찍한 혐오와 참혹한 재앙으로 내몰았던 적은 없었다.

광산을 찾아 해안을 따라 항해하던 중 굉장히 비옥하고 쾌적하며 인구도 많은 어떤 지역에 상륙하게 된 몇몇 에스파냐인들은 그곳 주민들에게 자신들의 목적을 밝히며 늘 그래왔던 것처럼 자신들의 신념을 전했다. 즉, 자신들은 선의를 가진 평화로운 사람들이며, 자신들의 왕은 지상에서 신을 대표하는 교황으로부터 인도 전역에 대한 통치권을 부여받았으니, 왕에게 조공을 바치겠다고 하면 우호적이고 정중한 대접을 받을 것이라고 했다. 그러면서 원주민들에게 먹을 것과 특별한 약으로 쓸 황금을 요구했다. 아울러 그들은 유일신에 대한 믿음과 우리 종교의 진리를 설파하며 원주민들이 이를 받아들이도록 설득하고 거기에 약간의 협박을 보탰다.

원주민들은 이에 대해 하나하나 답해주었다. 스스로 선의를 가진 평화로운 자들이라고 말하고 있으나 표정이 그러하지 못하고, 그들의 왕이라는 자는 무언가를 구걸하는 것으로 보이며, 또한 그러한 통치권을 부여했다는 교황은 자기의 것이 아닌 것을 제삼자에게 주어서 원래의 소유자와 분쟁을 일으키는 모습을 보니 불화를 조장하는 인물임이 틀림없다. 식량이라면 나눠줄 수 있지만, 황금은 별로 가지고 있지 않기도 하고 행복하고 즐거운 삶을 추구하는 데 황금은 그다지 쓸모가 없으니 오직 자신들의 신들을 섬기는 데에 사용할 정도만 제외한다면 찾을 수 있는 만큼 거침없이 가져가라고 했다.

유일신에 관한 이야기는 마음에 들지만, 그렇다고 오랫동안 행복하게 살면서 믿어온 자신들의 종교를 바꾸지는 않을 것이며, 친구와 지인이 아니면 다른 사람의 조언을 따르지 않는다고 했다. 또한, 협박에 대해 언급하며 상대방의 기질이나 상태, 상대방이 가진 역량과 수단도 모르면서 협박하는 모습은 판단력이 부족하다는 증거라고 말했다. 따라서 그들은 (이방인이며 무장까지 한 사람들의 충고를 들을 이유가 없고) 자신들의 땅에서 서둘러 떠나지 않으면 어떤 일을 겪게 될지 알려주겠다며 마을 주변에 매달아놓은 처형당한 사람들의 머리를 보여주었다. 이것이 바로 어린아이 같던 그들이 보여준 서툰 모습 중 한 가지였다. (……)

　신세계에서는 물론이고, 우리 세계를 포함해서도 가장 강력하고 영광스러운 왕 중의 한 명이자 에스파냐인들이 마지막으로 폐위시킨 두 왕 중 한 명인 페루의 왕은 전투 중에 생포되어 터무니없이 높은 몸값을 요구받았지만 실제로 그 몸값을 충실하게 지불했고, 협상 과정에서는 자유롭고 관대하며 솔직한 태도와 굳건한 용기를 보여주어 순수하고 고귀하며 수준 높은 이해력을 지닌 인물로 평가받았다. 정복자들은 그에게서 금 132만 5천 500파운드에 달하는 황금과 그에 버금가는 은과 다른 보물들을 강탈했다. (그들의 말들에 모두 황금으로 만든 편자를 박았을 정도였다.) 그럼에도 그들은 (어떤 부정하고 비열한 방법을 사용했는지 모르지만) 이 왕에게 얼마나 많은 보물이 남아있는지 찾아내어 그마저도 남김없이 빼앗아 누리고 싶어졌다.

　생각이 이에 다다르자, 그들은 왕이 자유를 되찾기 위해 지방민들을 부추겨 봉기를 일으키고 신하들에게 반란을 지시했다는 증거를 거짓으로 꾸며냈다. 이런 조작극을 벌인 바로 그자들은 재판을 열어 왕을 공개적으로 교수형에 처한다는 선고를 내렸다. 그리고 처형당하는 순간에 그에게 세례를 베풀어주어 산 채로 불에 타는 고통만큼은 면하게 해주겠다고 했다. 전대미문의 끔찍한 사건을 대하면서도 왕은 표정이나 언행에서 흔들림 없이 왕다운 엄숙한 모습을 보이며 모든 것을 받아들였다. 이토록 기괴한 광경에 경악한 민중을 진정시키고 달래기 위해 그들은 왕의 죽음에 깊은 애도를 표하는 척하며 엄숙하고 성대한 장례식을 거행하도록 지시했다.

3권 6장 「마차에 대하여」

대화가 즐거워지려면

내가 생각할 때, 우리 정신을 훈련하는 가장 유익하고 자연스러운 방법은 토론이다. 토론이야말로 우리 삶의 다른 어떤 행동보다 더 즐거운 일인 것 같다. (……)

누군가가 나를 반박하면 나는 분노가 치미는 것이 아니라 관심이 깨어나게 된다. 나는 나를 반대하고 가르치려는 이를 향해 다가간다. 진리의 원칙은 양쪽 모두에게 공통된 원칙이라야 한다. (……)

나는 어디에서든 혹은 누구에게서든 진실을 발견하면 그 진실을 환대하고 어루만지며 포용한다. 아무리 거리가 멀어도 진실이 다가오는 모습이 보이면 나는 기꺼이 무기를 내려놓고 승복한다. 상대가 지나치게 거만하거나 명령하는 듯한 무례함을 고집하지만 않는다면 나의 글에 대한 비판을 기꺼이 받아들인다. 그리고 가끔은 비판한 사람에 대한 예의를 차리기 위해서 글을 수정하기도 하는데, 그렇게 순순히 양보함으로써 그들이 나를 자유롭게 비판하고 한 수 가르쳐주기를 바라기 때문이다.

(……) 어리석은 자와는 진지하고 성실한 논쟁을 할 수

없다. 굉장히 오만한 자를 상대하다 보면 나의 판단력뿐만 아니라 양심마저도 망가져 버린다. 우리의 논쟁도 말로 저지르는 다른 범죄들과 마찬가지로 금지되고 처벌되어야 한다. 논쟁이 늘 분노에 사로잡혀 있으니 어떤 악덕인들 생기지 않고 쌓이지 않겠는가? 처음에는 상대의 논리에 대해 맞서지만 나중에는 상대방에 대해 맞서게 된다. 우리는 반박 없이는 논쟁할 수 없는데, 그러다 보니 서로 반박하고 반박당하게 되어 결국 논쟁에서 얻은 결실이라고는 진리의 상실과 소멸뿐인 상황이 된다.

(……) 사냥하듯 진리를 찾아내어 좇는 일은 우리의 소임이니 이것을 제대로 하지 못해 서툴다고 한다면 변명의 여지가 없다. 하지만 사냥감을 붙들지 못하고 놓치는 일은 또 다른 문제이다. 인간은 진리를 추구하고 탐구하기 위해 태어났지만, 진리를 소유하는 일은 한층 더 위대한 힘을 가진 존재에 속하는 일이기 때문이다. (……)

자기 생각을 고집하는 것이야말로 어리석음과 자만심의 가장 확실한 증거이다. 그토록 확신에 차고 단호하며 경멸스럽고 진지하면서 심각한 것으로 당나귀보다 더한 것이 어디 있겠는가? (……)

친구들끼리 유쾌하게 농담을 던지며 웃음과 친밀감을 선사하는 날카롭고 짤막한 대화도 토론과 소통이라는 범주에 포함할 수는 없을까? 천성이 유쾌한 나에게는 이런 대화가 굉장히 잘 맞는다.

3권 8장 「대화의 기술에 대하여」

말에 관한 말

디오메데스는 문법이라는 주제 하나만으로 6천 권의 책을 썼다고 하니, 주제가 무엇이든 끊임없이 동요하고 변화하는 내 생각을 표현하는 일은 언제가 되어야 끝마칠 수 있을까? 혀를 자유롭게 더듬거리는 움직임에 관해서만도 그토록 무시무시한 양의 책을 만들어 세상을 채우는 마당이니 한가하게 떠들어대는 일이라면 무엇을 만들어낼 수 있을까? 그저 말에 관한 말이 그렇게나 많다니. 오, 피타고라스여, 그대는 왜 이런 폭풍우를 막지 않았는가? (……)

이것은 농담이 아니다. 글을 끄적거리는 일은 혼란하고 문란해진 시대의 징후인 것처럼 보이니까 말이다. 우리가 내전을 겪은 이후처럼 이렇게나 많은 글을 쓴 적이 있었는가? 로마인들이 나라가 망할 때보다 더 많은 책을 펴낸 적이 있었던가? (……)

다른 사람들과 달리, 나는 불행한 상태일 때보다는 오히려 일이 잘 풀리고 있을 때 더욱 신앙에 기대는 것 같다. (……) 그리고 나는 무엇인가를 간청하기보다는 오히려 감사드리기 위해 기쁜 눈으로 하늘을 올려다본다. 나는 건강을 잃고 난 뒤 회복하기 위해 애쓰기보다는 건강이 나를 향해 미소 지을 때 더욱 건강해지고자 신경 쓴다.

3권 9장 「허영심에 대하여」

혁명의 이면

혁신만큼 한 나라를 통째로 집어삼키는 것도 없다. 변화는 그저 불의와 폭정에 모양새를 갖춰줄 뿐이다. 어떤 한 부분이 들어맞지 않더라도 크게 신경 쓸 필요 없다. 우리는 모든 일에서 자연스럽게 일어나는 변질과 부패로 인해 초심과 원칙으로부터 너무 멀어지게 되는 상황을 막을 수 있다.

그러나 그렇게 거대한 덩어리를 다시 세워 올리고 그토록 광대한 뼈대의 기초를 바꾸는 일은 마치 더러움을 닦아내려다 표면을 훼손하고, 특정한 결점을 고치려다 보편적인 혼돈에 빠지며, 병을 고치려다 죽음에 이르게 하는 짓이나 마찬가지이다. 세상은 스스로 치유하는 일 따위는 하지 못하고, 자신을 괴롭히고 짓누르는 억압을 도저히 참지 못해서, 어떤 대가를 치러야 할지는 따지지도 않고 단지 억압에서 벗어나려는 생각만 한다.

내전의 공포

집에서 잠자리에 들 때면 나는 수천 번도 넘게 그날 밤 누군가에게 배신당해 침대에서 살해되는 상상을 하며, 그 상황에 공포와 번민이 없기를 운명의 여신에게 빌었었다. (……) 무슨 대책이 있겠는가? 이곳은 나와 내 조상이 태어났고 그분들이 애정을 쏟고 이름을 붙인 장소이다. 우리는 무엇이든 자신에게 익숙한 것에 맞춰지기 마련이다. 우리들처럼 가엾은 처지가 되면, 습관은 자연이 선사한 가장 은혜로운 선물이 되어 온갖 악으로 인한 고통에 무뎌지도록 우리의 감각을 잠재워준다. 내전은 우리 각자가 자기 집에 감시탑을 설치해서 경계를 펼쳐야 한다는 점에서 다른 전쟁보다 고약하다. (……)

나는 때때로 이런 상념들에 맞서 나 자신을 강하게 해줄 수단을 무심함과 게으름에서 찾기도 하는데, 이런 것들이 어떤 면에서는 우리를 결연하게 해주기 때문이다.

사랑하는 파리

　나는 프랑스에 대한 반감이 있기는 하지만 어린 시절부터 나의 마음을 사로잡은 파리만큼은 여전히 호의적인 시선으로 바라본다. 그곳에서 훌륭한 일들이 겪었기도 하고, 나중에 다른 아름다운 도시들을 보게 될수록 더욱더 파리의 아름다움에 빠져들어 애정을 갖게 되었다. 나는 이 도시를 그 자체로 사랑하며, 외적으로 화려한 장식이 더해진 것보다는 본래의 모습 그대로를 사랑한다. 내게 파리는 너무도 사랑스러워서 그 결점과 흠집까지 소중한 도시이다. 나는 이 위대한 도시가 있어야만 완벽한 프랑스인이라 할 것이다. 주민들도 훌륭하고 절묘한 지리적 위치도 축복이다. 무엇보다도 다양하고 다채로운 삶의 안락함에서 견줄 곳이 없을 만큼 뛰어난 이 도시는 프랑스의 영광이며 전 세계에서 가장 고귀하고 뛰어난 장식물 중 하나이다.

　자비로운 하느님이시여, 부디 이곳에서 우리의 분열을 쫓아내어 주소서.

　만약 통합되어 온전한 모습을 갖춘다면 이 도시에는

다른 어떤 폭력도 발붙이지 못할 것이다. 모든 파당 중에서도 이 도시를 불화와 소란으로 몰아넣는 자들이 가장 나쁜 파당이라는 점을 미리 경고하고자 한다. 나는 이 도시를 위해서 오직 이 도시 자체만을 걱정하고 있지만, 안타깝게도 우리나라 프랑스의 다른 지역들도 마찬가지로 걱정이다. 그래도 파리가 존속하는 한 나는 언제라도 몸을 숨길 수 있는 집이나 은신처가 부족하지는 않을 것이며, 그곳이라면 다른 은신처에 대한 아쉬움을 충분히 잊게 해줄 것이다.

여행은 유익한 훈련이다

이러한 이유가 아니더라도 여행은 유익한 훈련인 것 같다. 여행 중에는 미지의 사물들을 발견하고 새로운 대상을 알아가면서 정신이 끊임없이 자극받는다. 내가 자주 말했듯이, '삶을 형성하기 위해서는 수많은 다양한 사람들의 삶, 관습, 기질 그리고 생각들을 끊임없이 경험하고, 그토록 다양한 우리 본성의 형태를 음미하고 이해하도록 하는 것만큼 좋은 교육은 없다. 그 과정에서 몸은 전혀 게을러지거나 힘들어하지 않으며, 적당한 동요가 몸에 활력을 불어넣는다.' 나는 비록 결석증으로 고생하고는 있으나 여덟 시간씩, 때로는 열 시간씩 말을 타고 다니면서도 지치거나 피곤해하지 않는다. 작열하는 태양의 따가운 열기만 제외하면 어떤 날씨라도 괜찮다. (……)

나는 오리 마냥 비가 와서 진흙탕이 되는 날씨도 좋아한다. 어떤 모습의 하늘이든 나에게는 마찬가지이기 때문에 공기와 기후의 변화를 크게 신경 쓰지 않는다. 나는 마음속에서 만들어낸 내적 변화에만 고통받고 번민하는데, 여행하는 동안에는 이런 일이 훨씬 줄어든다. 나는 어떤 여행이든 쉽게 결심하지 못하는 편이지만, 일단 길을 나서면 누구 못지않게 오랫동안 멀리까지 간다. 나는 작은 일을 할 때도 큰일을 대할 때와 마찬가지로 최선의 노력을 기울이고, 친구를 방문하는 짧은 여행도 장거리 여행처럼 준비한다. 나는 에스파냐식으로 한 번에 길고 합리적인 여행을 계획하는 법을 배웠다. 그리고 날이 극도로 뜨거울 때는 해가 지고 난 후부터 해가 뜰 때까지의 시간을 이용하여 움직인다. (……)

아침에 늦게 일어나는 나의 게으름 덕분에 나의 수행인들은 말에 오르기 전에 느긋하게 식사를 마칠 수 있다. 나는 너무 늦은 시간에 음식을 먹지 않는다. 보통은 식사하는 중에 식욕이 생기고, 식탁에 앉아야만 배고픔을 느낀다. 어떤 사람들은 결혼도 하고 나이도 많은 내가 이런 수고를 계속 즐긴다며 불평하기도 한다. 그건 모르고 하는 소리이다. 본인이 없어도 집이 질서를 갖춘 채 이전의 방식과 필요한 틀에서 벗어나지 않고 안정적으로 유지되도록 만들어놓았다면 그때가 바로 집을 떠나기에 가장 좋은 시기이다. 신뢰할 수 없는 관리인을 남겨둔 채로 집을 떠나는 일이야말로 신중치 못하고 경솔한 행동이다.

(……) 결혼한 여성에게는 다른 어떤 것보다도 경제적인 덕목이 필요하다. 집을 떠나 있는 동안에 나는 아내에게 모든 살림을 맡기고 집안을 전적으로 통제하도록 하여 아내가 제대로 집안일에 익숙해지도록 했다.

다른 집에서는 (안타깝게도) 정오쯤에 남편이 고된 바깥일로 지친 채 먼지투성이가 되어 집으로 돌아왔는데 아내가 집에 없거나, 집에 있더라도 여전히 옷방에 틀어박혀 옷매무새나 신경 쓰며 치장이나 하는 모습을 볼 수 있다. 이런 태도는 왕비에게나 어울릴 법한 것이고, 왕비라도 그렇게 하는지는 모르겠다. 아내들의 겉치레와 게으름이 우리 남편들의 땀과 노동으로 유지되는 것은 우스꽝스러우면서도 부당한 일이다.

우정에는 긴 팔이 있어

    남편이 집을 비우는 부재의 상태가 부부 사이 금슬에 문제를 일으키리라고 생각들 하지만, 내 생각은 다르다. 둘이 너무 오랫동안 함께 지내다 보면 애정이 식어버리는 게 당연하다. 아무런 긴장 없이 살다 보면 싫증이 나기 때문이다. 낯선 여성은 우리 눈에 모두 정숙한 여성으로 보인다. 그리고 모두가 경험으로 알고 있듯이, 서로를 계속 보고 있으면 이따금 헤어졌다 다시 만날 때 느끼는 그 기쁨을 표현할 수 없다. 이처럼 서로 떨어져 있었던 덕분에 나는 우리 가족에 대한 새로운 애정을 갖게 되었고, 내 집을 좀 더 아늑하게 느끼게 되었다. 이렇게 생활에 변화를 주면 마음은 어떤 때는 이것으로, 또 어떤 때는 저것으로 관심을 기울이게 된다. 우정에는 긴 팔이 있어 세계 구석구석에까지 손을 뻗어 껴안을 수 있다는 사실을 잘 알고 있다. 특히나 끊임없는 소통으로 의무와 추억을 일깨우는 우정이라면 더욱 그렇다.

    내가 확실히 경험했기에 잘 알고 있다고 생각하는 진실하고 완벽한 우정에서는 친구를 내 쪽으로 끌어당기기보다는 나 자신을 그에게 내어주게 된다. 나는 친구가 나에게 무언가를 해주기보다는 내가 친구에게 잘해주고 싶을 뿐만 아니라 그 친구가 나보다는 자기 자신에게 더 잘하기를 바란다. 친구가 자신에게 잘하고 있다면 그것이 바로 나에게 잘해주는 것이 되기 때문이다. 그리고 여기에 없는 부재의 상태가 그에게 기쁘거나 유익한 일이라면, 나는 그가 여기에 있는 존재의 상태일 때보다 더 만족한다. 그리고 서로 소통할 수단과 방법이 있다면 부재의 상태라고 부르기도 적절하지 않다.

나는 지금까지 우리가 멀리 떨어져 있는 상황을 잘 활용해왔다. 우리는 헤어져 있는 상태에서도 만족스러운 삶을 살면서 삶의 영역을 확장할 수 있었다. 그는 나를 위해 그리고 나는 그를 위해, 상대방이 곁에 있는 듯이 충실하게 살았고 그렇게 서로를 바라보았다. 우리가 함께 있을 때면 한쪽은 한가로울 수 있었고, 우리는 마치 하나인 듯 섞여 있었다. 그리고 서로 다른 장소에 있게 되면서 우리 마음과 의지의 결합은 더욱 풍성해졌다. 반면에 물질적인 존재를 향한 탐욕스러운 갈망은 영혼의 즐거움이 가진 취약점을 여실히 드러내 보여준다.

노년과 쾌락

사람들이 나를 못마땅하게 여길 때 노년이라는 이야기를 꺼내는데, 오히려 통념에 승복하고 남을 위해 자신을 억제해야 하는 쪽은 젊음이다. 젊은 시절에야 남들과 자기 자신 둘 모두에게 무엇이든 해줄 수 있지만 나이 든 우리는 자신을 추스르기도 너무 벅차다. 타고난 건강이 사라지게 되면서, 우리는 인위적인 수단으로 자신을 지탱할 수밖에 없다. 젊음이 쾌락을 추구하는 것은 용인하면서 노년이 쾌락을 꾀하고 좇는 것은 금지하는 건 옳지 않다.

나이 들어도 여행하는 이유

"하지만 그 나이에 그렇게 멀리 여행을 떠났다가는 돌아오지 못할 수도 있소." 그렇다고 한들 어떻단 말인가? 내가 여행을 떠나는 목적은 돌아오기 위해서도 아니고, 그 여행을 완수하기 위해서도 아니다. 나는 단지 움직임이 즐거움을 주는 한 계속해서 움직여보고자 여행을 떠나는 것이며, 걸을 수 있는 한 걸어 다니려는 것뿐이다. 이익을 쫓거나 토끼를 뒤쫓아 달리는 사람은 달리는 것이 아니다. 그저 달리는 기쁨을 위해 장애물을 넘어 달리는 연습을 하는 사람들이 달리는 것이다.

언제 어디에서라도 바뀔 수 있는 내 여행 계획은 원대한 희망을 품은 것도 아니다. 하루의 여정은 그날그날 마무리된다. 내 인생의 여행도 이와 마찬가지다. 하지만 나는 머물러 지냈으면 좋겠다는 생각이 든 다양한 지역들도 다녀보았다. 당연하지 않은가? 크리시포스, 디오게네스, 클레안테스, 안티파트로스, 제논[31] 그리고 그토록 엄

---

31 모두 스토아학파를 이끌었던 고대 그리스의 철학자들이다.

격했던 종파에 속한 현자들도 (특별한 불만이 있어서가 아니라) 단지 다른 분위기를 느껴보기 위해서 자기 조국을 버리지 않았던가? 사실, 나의 긴 여행길에서 가장 못마땅한 점은 정작 내가 원하는 곳에 정착하겠다는 확고한 결심을 가질 수 없었다는 점이다.

여행을 하는 방식

그리고 긴박한 용무로 부득이 한겨울에 그라우뷘덴[32] 지역을 여행해야 하는 사람들은 길 위에서 이런 극단적인 상황을 겪게 된다. 하지만 나는 주로 나의 즐거움을 찾아 여행하기 때문에 그렇게 고약한 길은 택하지 않는다. 오른쪽 길이 험악하면 왼쪽 길을 택하면 된다. 몸 상태가 좋지 않아 말을 타기 어려울 때는 그냥 집에 머문다. 그러다 보면 나는 진정으로 내 집만큼 쾌적하고 편안하고 널찍한 곳이 없다는 사실을 새삼 깨닫는다. 내가 늘 과다한 것은 불필요하다고 여기고, 섬세함과 풍성함도 번잡하다고 생각하는 것은 사실이다. 볼 만한 가치가 있는 것을 놓치거나 지나쳤는가? 그렇다면 나는 그곳으로 되돌아간다. 이런 나의 방식에서 벗어난 적이 없다.

나는 곧은 길이든 굽은 길이든 확실한 선을 미리 그리지 않는다. 낯선 곳에 갔는데 사람들이 말해준 것이 없을 때가 있다. 다른 사람들의 판단이 내 판단과 일치하지

---

[32] 알프스산맥에서 이어지는 계곡과 강으로 유명한 스위스 동남부 지역.

않는 경우가 종종 있고, 그들의 판단이 틀렸던 경우가 대부분이었기에 나는 헛수고를 했다며 아쉬워하지 않는다. 나는 그곳에 있다고 알려진 무언가가 존재하지 않는다는 사실을 알게 되었기 때문이다.

나는 세상 사람들처럼 자유로운 기질과 평범한 취향을 가지고 있다. 나라마다 다른 관습들은 내게 다양성이라는 즐거움을 주지만 그 외에 다른 느낌은 없다. 어느 나라의 관습이든 저마다 이유가 있기 마련이다. 접시나 그릇을 나무로 만들었든 백랍으로 만들었든 흙으로 만들었든, 고기를 삶든 찌든 굽든, 버터든 올리브기름이든 호두기름이든, 뜨겁든 차갑든, 내게는 매한가지라 상관하지 않는다. 이 점에 대해서는 늙어가는 처지에도 이토록 가리지 않는 관대한 능력을 탓하며, 이제는 까다롭게 골라 먹는 방식으로 나의 무분별한 식욕을 멈추고 이따금 내 위장이 쉴 수 있도록 해줄 필요가 있다. 내가 프랑스를 떠나 있을 때, 누군가 나에게 예의상 프랑스식으로 식사를 준비할지 물어보면 나는 그들에게 농담으로 답하고는 외국인들이 가장 많은 식탁에 끼어들고는 했다.

우리 프랑스 사람들이 자기들과 반대되는 방식을 보

며 질겁하고 짜증을 내는 이런 어리석은 모습을 보면 부끄럽다. 그들은 자기 마을을 벗어나면 본래의 자리에서 벗어난다고 생각한다. 어디를 가든 그들은 자기 나라의 방식을 고수하고 낯선 방식은 모두 질색하며 혐오스럽게 여긴다. 헝가리에서 자기 나라 사람을 만나기라도 하면 웬 행운이냐며 호들갑을 떤다. 그리고 무엇을 하는가? 그들은 서로 자신들이 본 수많은 야만적 관습을 흉보고 비난한다. 그 관습들이 프랑스식이 아닐 테니 그들 눈에는 왜 야만적이지 않겠는가? 어찌 보면 그것을 알아보고 흉보는 이들은 그나마 나은 부류의 사람이다. 대부분은 되돌아올 목적으로만 여행을 떠난다. 그들은 알 수 없는 세상의 공기에 오염되는 일을 막고자 입을 다문 채 소통하지도 않고 무뚝뚝하고 조심스럽게만 하고 다닌다.

이런 이야기를 하다 보니 내가 예전에 우리의 몇몇 젊은 궁정인들 사이에서 목격했던 문제가 떠오른다. 그들은 오직 같은 부류의 사람들하고만 대화를 나눌 뿐, 우리를 마치 다른 세상에서 온 사람인 양 경멸과 연민의 시선으로 바라봤다. 그렇지만 궁정에서 일어나는 신비롭고 비밀스러운 이야기를 제외한 다른 주제에 대해서는 그들도 그저 서툴고 어리숙한 사람일 뿐이었다. 기품 있는 사람은 두루 겸비한 사람이라는 이야기는 정말 맞는 말이다. 그러나 이와는 반대로 우리의 방식에 푹 젖어 있는 나는 시칠리아에 가서 내 고향 가스코뉴 사람을 찾지 않는다. (그들이야 내 고향에 가면 충분히 많이 있기 때문이다). 나는 오히려 그리스인과 페르시아인을 찾는다. 나는 그들에게 다가가 살펴보고 친해지려고 노력하면서 그들을 향해 마음을 쏟는다. 더 나아가, 내가 보기에 어느 나라의 방식이든 우리의 방식만큼의 가치를 가지지 않은 것은 없었다. (……)

　타당한 판단력을 갖추고 당신에게 어울리는 방식을 따르는 기품 있는 사람이 기꺼이 당신과 동행하게 된다면 그것은 드문 기회이자 흔치 않은 행운일 뿐만 아니라 더할 나위 없는 위안이 된다. 나는 여행할 때마다 그런 사람이 없어서 매우 아쉬웠다. 이런 동반자는 집을 떠나기 전에 미리 주의를 기울여 신중하게 구해놓아야 한다. 나에게 소통이 없는 즐거움이란 완전하지 않은 것이며, 전달되지 않는 즐거움이라면 의미가 없는 것이다. 나는 어떤 즐거운 생각이 마음에 떠올라도 그런 생각을 전

할 수 있는 동반자가 없어 혼자만 담아 둔다는 사실이 너무나 슬프다. (······)

아르키타스[33]는 천상에서 거대하고 신성한 천체들 사이를 걷는다 한들 함께 할 친구나 동반자가 없다면 즐겁지 못하리라고 했는데, 이 말은 내 생각과 일치한다. 그렇지만 지루하고 어리석은 동행보다야 혼자가 훨씬 낫다. (······)

나는 말을 타며 평생을 보내는 편을 택할 것이다.

"당신에게 좀 더 쉬운 다른 소일거리는 없는가? 당신에게 무엇이 부족하단 말인가? 공기 맑고 좋은 곳에 집도 있고, 가재도구도 넉넉하게 잘 갖추었지 않은가? (······) 당신이 어디로 가면 방해받지 않고 살 수 있다고 생각하는가? 당신을 방해하는 것은 오직 당신 자신밖에 없고, 당신은 어디든 자신을 따라다니며 무엇이든 불평할 것이다. 천상 아래 이 세상에서는 야수 같거나 거룩한 영혼이 아니고서는 만족을 모를 것이기 때문이다."

글자 그대로 받아들이면 이런 여행의 즐거움이 결국

---

[33] 고대 그리스의 철학자이자 피타고라스학파 소속의 수학자.

에는 불안과 망설임의 증거라는 점을 잘 알고 있다. 사실, 이 두 가지가 우리를 지배하는 주된 기질들이다. 그래, 솔직히 고백하건대, 나는 꿈이나 소망 외에는 나를 어디에 붙들어 매어 두어야 할지 알 수 없다. 그저 다양성만이 그리고 차이점을 알게 된다는 점만이 그나마 만족이라면 만족이라 할 수 있겠다.

법의 준수

 더 좋은 시절을 희망할 수는 있지만 현재를 피할 수도 없다. 다른 행정관을 바랄 수는 있겠지만 현재의 행정관을 따라야 한다. 그리고 어쩌면 선량한 행정관보다 나쁜 행정관을 따르는 편이 더 좋을지도 모른다. 이 왕국에서 오랫동안 인정되고 수용되어온 법률의 모습이 나라 구석구석에 존재하고 빛을 발하고 있는 한 나는 그곳에 머물 것이다. 그리고 만약 어떤 불행으로 인해 법률 사이에 모순이나 의심이 생겨 불확실하고 어려운 두 갈래로 나뉜다면, 나는 이 폭풍우를 벗어나 몸을 숨기는 방법을 선택할 것이다. 그러는 사이에 자연이나 전쟁이라는 우연이 나에게 도움의 손길을 내밀 것이다.

 나는 카이사르와 폼페이우스 사이에서라면 누구의 편인지 솔직하게 밝혔을 것이다.[34] 하지만 이후에 삼두정치[35]를 이끈 세 도둑 사이에서라면 누구라도 몸을 숨기

---

34 로마 공화정 말기 크라수스 사후에 카이사르와 폼페이우스는 서로의 정적이 되었다.
35 카이사르 사후에 옥타비아누스, 안토니우스, 레피두스가 이끈 제2차 삼두정치를 뜻한다.

거나 바람이 부는 대로 흘러야만 했을 것이다. 이성이 더 이상 이끌어주지 않을 때는 그리 해도 된다고 생각한다.

『수상록』에서 부주의해 보이는 점

  이 뒤죽박죽인 글은 내 본론에서 다소 벗어나 있다. 내가 길을 벗어나 헤매더라도 그것은 부주의해서라기보다는 제멋대로여서 그런 것이다. 나의 공상들은 줄지어 이어지기는 하지만 때로는 멀찌감치 거리를 두기도 하고, 서로를 삐딱한 시선으로 바라보기도 한다. 나는 플라톤의 『대화편』 중 일부를 훑어본 적이 있는데, (……) 그 안의 등장인물들은 이렇게 어긋나는 것을 조금도 두려워하지 않고 바람부는 대로 흘러가도록 내맡기거나 혹은 그렇게 보이도록 하는 놀라운 우아함을 보였다.

  내 글의 장 제목들은 항상 소재를 담고 있는 것은 아니고 때로는 어떤 표식으로 사용되기도 한다. (……) 나는 종횡무진하며 뛰어넘기도 하고 뛰어오르기도 하는 그런 시의 흐름을 좋아한다. 그것은 (플라톤이 말했듯이) 가볍고 날렵하며 순간적인 마력을 지닌 예술이다. 플루타르코스의 글 중에는 저자가 글의 주제를 잊어버린 채 논지에 관한 언급은 없이 온통 엉뚱한 내용으로만 채워진 것들도 있다. 「소크라테스의 수호신」에서 드러나는 그의 모습을 보라. 오, 신이시여! 그 변화무쌍함은 얼마나 우아하며, 또 이렇게 들어왔다가 재빨리 넘어가는 모습은 얼마나 아름다운지! 무심하고 우연한 듯 보이는 글일수록 더욱 그랬다. 내 글의 주제를 따라오지 못하는 사람이 부주의하고 게으른 독자일 뿐이지 나 자신은 주제를 놓치지 않는다. 비록 글이 빽빽하게 적혀 있기는 하지만 어느 구석엔가 주제와 관련된 말이 몇 마디라도 자리하고 있을 것이다.

모호함에 대한 혐오

 머리로 이해하는 것은 하찮게 여기면서, 내가 무슨 말을 하는지 몰라 오히려 나를 더욱 높이 평가하고 그 모호함 때문에 신비롭고 심오하다고 결론짓는 사람들도 있는 모양인데, 솔직히 말하면 이 모호함이야말로 내가 죽기만큼 싫어하는 것이라 피할 수만 있다면 피하고 싶다.

로마에 대한 기억

 죽은 이들을 돌보고 기억하는 일은 권장할 만한 바이다. 나는 어린 시절부터 죽은 이들과 함께 자랐다고 할 수 있는데, 우리 집안의 일들에 대해 알기 훨씬 전부터 옛 로마의 일들에 대해 알았기 때문이다. 우리의 왕궁인 루브르궁전을 알기 전부터 이미 카피톨리노 언덕과 그 신전들을 알고 있었고, 센강을 알기도 전에 테베레강을 먼저 알았다.

 나는 그 어떤 프랑스인의 상황보다도 루쿨루스[36], 메텔루스[37], 스키피오의 운명과 처지를 더 상세히 기억했다. 그들은 이 세상 사람이 아니고 나의 아버지도 그들처럼 고인이 되셨는데, 그들이 나와 나의 삶으로부터 1600년 떨어져 있듯이 아버지도 18년만큼 떨어져 계신 것이다. 그렇지만 나는 아버지와의 기억을 간직하고 있으며, 그분의 애정과 친교를 완벽하고도 생생하게 포용하고 경험하고 있다. 이렇듯 나는 죽은 이들에 대해 더욱

36　고대 로마 공화정의 군인이자 정치가.
37　고대 로마 공화정의 군인이자 정치가.

호의적인 마음을 갖는다. 그들은 더 이상 스스로 알아서 무언가를 할 수 없을 테니 (내 생각에) 그만큼 나의 도움이 필요할 것이다. 그들을 향한 감사의 마음은 바로 이럴 때 완벽한 광채를 뿜낸다. (……)

나의 사랑과 감사를 받아야 할 사람들이 비록 나와 함께 있지 않더라도 그럴 자격이 사라지는 것은 아니다. 그들이 이곳에 없고 내가 고마워한다는 사실을 모르고 있더라도 나는 정성을 다해 그들에게 보답한다. 친구들이 나의 말을 전해 들을 방법이 없을 때도 나는 오히려 그들에 대해서 더욱 깊은 애정을 가지고 이야기한다.

나는 지금까지 폼페이우스를 옹호하고 브루투스의 대의를 설명하기 위해 수많은 논쟁을 벌였다.[38] 우리 사이에는 아직도 이런 친분이 이어지고 있다. 우리는 현재 일어나는 일들마저도 상상으로만 파악한다. 나는 내 자신이 이 시대에는 적합하지 않고 아무런 쓸모가 없다고 생각하여 스스로 다른 시대에 뛰어들고 거기에 빠져들어

---

38 브루투스는 자기 아버지를 죽인 폼페이우스에 대한 원한을 억누르고 대를 위해 소를 버린다는 심정으로 자신이 지지하던 원로원파의 수장인 그와 함께 일을 하기로 결심했다. 이후 브루투스는 폼페이우스의 정적이자 자신을 친자식처럼 아꼈던 카이사르를 배신했다.

(로마의 초기와 말기는 좋아하지 않지만) 자유롭고 정의로우며 번영했던 로마의 모습에 흥미를 느끼고 열광한다. 이러한 까닭에 로마의 거리와 집들이 있던 옛터, 지구 반대편까지 뻗어 있다던 경이롭고 기이한 유적들은 아무리 여러 번 찾아가도 늘 흥미로웠다. 이야기에 등장하는 기억할 만한 인물들이 자주 드나들거나 살았다던 장소를 찾아가 볼 때면 나는 그들의 고귀한 행동을 듣거나 그들이 쓴 글을 읽을 때만큼, 혹은 그보다 더 깊은 감명을 받는다. 이것은 자연스러운 일일까, 아니면 상상에 의한 착각일까? (……)

나는 그들의 외양이며 태도며 옷차림을 떠올려보는 일이 즐겁기만 하다. 그 영예로운 이름들을 입 안에서 되새기며 그 울림이 내 귀에 맴돌게 한다. (……) 위대하고 훌륭하며 감탄할 만한 면이 물론 많이 있지만 나는 오히려 그들의 평범한 측면을 존경한다. 나는 그들이 함께 걷고 저녁을 먹으며 담소를 나누는 모습을 보고 싶다. 우리가 따르기만 한다면 자신들의 본보기를 통해 우리에게 수많은 가르침을 남겨주는 훌륭하고 정직하고 용맹한 인물들의 유물과 형상을 멸시하고 무시하는 짓은 배은망덕하고 불경스러운 일일 것이다.

그리고 지금의 로마는 여러 대에 걸쳐 우리 프랑스 왕실의 동맹이었으므로 사랑받을 자격이 충분한, 보편적이며 세계적인 단 하나의 도시이다. 로마를 다스리는 수장은 다른 나라에서도 마찬가지로 인정받는다. 이 도시는 모든 기독교 국가의 대표 도시로, 프랑스인도 에스파냐인도 혹은 그 밖에 다른 나라 사람들도 모두 그곳을 자신의 나라처럼 여긴다. 로마의 군주가 되기 위해서는 어느 나라든 기독교 국가의 출신이기만 하면 된다. 이 지상에는 이곳만큼 하늘이 변함없는 은혜와 은총으로 감싸안은 곳도 없으니, 그 폐허마저도 명성과 영광을 품고 있어 위대하고 영예롭다.

로마는 아무리 낮은 위치에 있더라도, 심지어 영광의 무덤에서도 제국의 생생한 모습과 장엄한 흔적을 간직하고 있다.

자식이 없어도

    나는 자기 이름을 물려받고 명예를 잇는 자식을 통해 미래와 연결된다고들 말하는 강력한 유대감에 얽매여 있지 않다. 그런 까닭으로 자식들이 필요한 것이라면 나는 오히려 자식을 더욱 바라지 않을 것이다. 나는 운명이 나에게 꼭 필요한 상황에만 적절히 관여할 뿐 그 외에는 나에 대한 지배력을 확장하지 않아서 기쁘게 생각한다. 자식이 없다는 사실이 삶의 완성도와 만족도를 떨어뜨리는 결함이라고 생각해본 적 없다. 자식이 없는 상황도 나름대로 편리한 면이 있다. 자식이란 바랄 만한 이유가 그리 많지 않은 것들 가운데 하나인데, 특히 자식을 제대로 키워내기가 무척이나 어려운 지금같이 타락한 시대에는 더욱 그렇다.

3권 9장 「허영심에 대하여」

쓸모 있는 일

보통 사람들과 달리, 나에게 감동을 주거나 (혹은 더 정확하게 말하자면) 나를 사로잡는 것은 거의 없다. 대부분은 우리의 마음을 완전히 사로잡지 못한 채 오직 이성에만 감동을 주기 때문이다. 나는 자연스럽게 내 안에 깊이 자리 잡은 이 무감각이라는 특권을 연구와 담론을 통해 더욱 확장하려고 노력 중이다. 나는 몰두하고 열정을 쏟아붓는 것도 딱히 없다. 사물을 또렷하게 보기는 하지만 그렇게 바라보는 대상은 얼마 되지 않는다. 내 감각은 섬세하고 부드럽지만, 무엇인가를 이해하고 적용하는 데에는 무디고 둔하다. 나는 쉽게 몰두하지 못한다. (……)

남에게는 자기 자신을 빌려주기만 하고 오직 자신에게만 자기 자신을 내주어야 한다는 것이 나의 생각이다. 나의 의지 자체는 무언가에 사로잡히거나 몰두하기 쉽다고 하더라도 내가 그 상태를 오랫동안 지속할 수 없을 것이다. 그러기에는 나의 천성도 습관도 너무 여리다. (……) 우리는 정신의 자유를 소중히 다뤄야 하고, 제대로 판단한다면 굉장히 흔치 않을 정당한 경우가 아니라면 그 자유를 침해해서는 안 된다. (……)

  모든 사람이 마땅히 가져야 할 우정의 진정한 의미가 바로 여기에 있을 것이다. 그것은 명예, 지식, 재산 같은 것들을 우리 존재의 일부라도 되는 듯이 과도한 애정으로 끌어안게 하는 거짓 우정도 아니고, 또한 담쟁이덩굴이 그러하듯 달라붙은 담장을 망가뜨리고 무너뜨리는 나약하고 무분별한 우정도 아닌, 바로 유익하고 즐거우면서도 건전하고 균형 잡힌 우정이다. 이러한 우정의 모든 의무를 이해하고 실천하는 사람이야말로 진정으로 뮤즈 여신들의 처소에 들어간 것이며, 인간의 지혜와 행복의 정점에 도달한 것이다. 자신이 짊어진 의무가 무엇인지 정확히 알고 있는 사람이라면 다른 이들과 세상을 위해 쓸모 있는 일을 해야 한다는 사실을 깨닫고 이를 실천하기 위해 자기와 관련된 의무와 직책을 수행함으로써 공공 사회에 헌신하기 마련이다. 조금이라도 남을 위해서 살지 않는 사람은 결국 자기 자신을 위해서 사는 것도 아닌 셈이다.

공약을 지키다

모든 공적 행위는 너무나 많은 이들의 판단이 들어가기 때문에 불확실하고 다양한 해석의 대상이 될 수밖에 없다. 내가 시장직을 맡은 일에 대해서 어떤 사람들은 내가 너무 느리고 열정이 없는 사람처럼 행동했다고 말하기도 한다. (이렇게 한마디 할 수 있게 되어 다행인데, 시장직이 언급할 만한 가치가 있어서라기보다는 이에 대한 나의 태도를 보여줄 수 있기 때문이다) 그 사람들이 전적으로 근거 없는 말을 한 것은 아니다. 나는 내 정신과 생각을 차분하게 유지하려고 애쓴다. (……)

그렇지만 (관심의 부족과 판단의 부족은 서로 다른 문제이기 때문에) 타고난 느슨한 기질이 무능력의 증거라고 판단해서는 안 된다. 더욱이 나를 알기 전에나 알고 난 후에도 수단을 가리지 않고 나를 위해 힘 써주어 한 번도 아니고 두 번씩이나 시장직을 맡겨준 시민들에 대한 배은망덕의 증거를 찾으려 해서는 안 된다. 나는 온 마음을 다해 그들을 사랑하고, 그들에게 가능한 한 좋은 일들만 있기를 기원한다. 그리고 기회가 주어졌다면 진심으로 나는 그들에게 봉사하기 위해 그 무엇도 아끼지 않았을 것이다.

나는 나 자신을 위해 그러하듯 시민들을 위해 애쓰고 노력했다. 그들은 용맹하면서도 관대하고 복종하며 규율을 지킬 줄 아는 선량한 사람들이며, 잘 이끌기만 한다면 어떤 훌륭한 역할도 해낼 수 있는 사람들이다. 내가 별다른 행적이나 커다란 자취도 없이 시장직을 마쳤다고 말하는 사람들도 있다. 사실 그렇다. 게다가 그들은 세상 사람들이 대부분 과도하게 일하는 죄를 깨닫는 시기에 내가 갑자기 일을 그만둔 사실을 비난한다. (……)

나는 행정관이 잠들어 있다 하더라도 그 휘하의 사람들 역시 잠들어 있는 경우라면 그를 비난하지 않는다. 법률도 마찬가지로 잠들어 있는 것이다. 나는 미끄러지듯 눈에 띄지 않는 조용한 삶을 칭송한다. (……)

나의 재임 기간에 안정된 질서와 달콤하고 아늑한 평온이 유지된 데에 대해 나에게 감사하지 않은 사람일지라도 최소한 행운이라는 이름으로 나에게 속하게 된 몫까지 빼앗을 수는 없을 것이다. 기질이 이러하기에 나는 지혜로움 못지않게 행복을 바라며, 나의 성공에는 나의 운영 활동 못지않게 신의 은총이 온전히 깃들어 있다고 여긴다. 이런 공직을 수행하기에는 내 자질이 부족하다는 사실을 세상에 충분히 알려왔다. 아니, 나에게는 나의 부족함보다 더한 문제가 있는데, 즉 내가 그런 것들에 큰 불만이 없고 스스로 결정한 삶의 방향을 고려할 때 이런 나를 바꾸고자 하는 마음도 없다는 것이다.

시장 직무에 스스로 만족한 것은 아니었으나, 나 자신에게 약속했던 바를 거의 달성했으며 내가 사람들에게 했던 약속보다 더 많은 것을 이뤄냈다. 이것이 가능했던 이유는 내가 해낼 수 있거나 혹은 달성하고자 하는 것보다 약간 낮은 목표를 약속했기 때문이다. 이에 대해서 내가 사람들에게 어떠한 원한이나 증오도 남기지 않았다는 것만은 자신있게 말할 수 있다. 그리고 사람들이 나에 대한 아쉬움을 가지고 있거나 혹은 나를 다시 원할지라도, 적어도 그 일이 내가 별로 원하는 바는 아니라는 점을 알고 있다.

3권 10장 「자기 의지를 조절하는 것에 대하여」

소문과 과장

　나는 우리 시대에 다양한 기적들이 탄생하는 순간을 목격했다. (……) 개인의 잘못은 먼저 공공의 잘못을 낳지만, 나중에 차례가 돌아오면 공공의 잘못이 개인의 잘못을 낳는다. 이 거대한 구조는 여러 손을 거치고 뒤섞이며 이뤄지기 때문에, 이 과정에서 가장 멀리 있는 증인이 가장 가까이 있는 증인보다 더 잘 알게 되기도 하고, 마지막에 소식을 알게 된 사람이 처음 알게 된 사람보다 더 확신에 차기도 한다. 이는 당연한 진행 과정이다. 무엇인가를 믿는 사람은 그것을 다른 사람에게 설득하는 일을 자선 행위로 여긴다. 그래서 이를 제대로 해내고자 다른 사람의 개념 속에 있다고 생각되는 저항을 누그러뜨리고 결함을 보완하는 데에 필요한 만큼 스스로 지어낸 이야기를 서슴없이 덧붙인다.

　나는 거짓을 말하는 것에 대해 굉장한 양심의 가책을 느끼고, 내가 하는 말이 신뢰와 권위를 주는지에 대해서 신경 쓰지 않지만, 그런 나조차도 내 이야기를 다른 사람이 반박하거나 혹은 이야기 자체의 열기로 흥분하게 되면 본래의 진실과는 상관없이 확대와 과장을 통해 내가 말하려는 주제를 키우고 부풀린다. 하지만 내가 본연의 모습으로 돌아오도록 누군가 솔직한 날것의 진실을 요구하면 나는 바로 손을 내밀고 과장이나 강조, 혹은 어떤 수식도 없이 그 사람에게 진실을 알려준다. 나처럼 활기차고 열정적이며 시끄럽게 말하는 사람이라면 자칫 이야기를 과장하기 쉽다.

3권 11장 「절름발이 혹은 불구에 대하여」

소크라테스의 가르침

오늘날 그런 사람이 태어난다면, 그를 높이 평가할 사람은 거의 없을 것이다. 우리는 우아함을 제대로 분별하지 못하고 교묘하게 부풀려지고 과장된 가짜 빛에 쉽게 현혹된다. 우리의 약하고 희미한 시선은 자연스러운 순수함과 단순함에서 나타나는 우아함을 쉽게 놓치고 만다. 우아함에는 비밀스럽고 섬세한 아름다움이 깃들어 있다. 이런 비밀스러운 빛을 제대로 보려면 멀리 볼 수 있고 진실을 분별할 수 있는 명료한 시선이 필요하다. (……) 소크라테스는 자연스럽고 평범한 흐름으로 자신의 영혼을 움직이게 한다. (……)

이 철학자는 헛된 망상을 펼쳐 보인 것이 아니다. 그의 목적은 우리의 삶에 좀 더 실질이며 전체적으로 도움이 될 만한 가르침을 제공하는 것이었다. (……)

그는 또한 항상 일관성이 있었으며, 흥분이 아니라 절제를 통해 자신의 활력을 최고점까지 끌어 올렸다. 아니, 좀 더 제대로 말하자면, 그는 아무것도 끌어 올리지 않았으며, 오히려 모든 고난과 역경을 끌어 내려 고유의 자연스러운 상태로 되돌려놓았고 이를 통해 활력을 억제했다. 카토의 경우에는 평범한 수준을 훨씬 뛰어넘는 억지스러운 면이 확연히 보였기 때문에, 그가 살아 있는 동안 남긴 용감한 행적들과 죽음에서 그는 언제나 높은 말에 올라타 있는 것처럼 느껴진다. 그렇지만 소크라테스는 땅으로 내려와 온화하고 평범한 걸음으로 유익한 주제들을 다루며, 죽음도 그리고 인간이 삶에서 만날 수 있는 여러 고통스러운 역경도 모두 받아들인다. (……)

그가 죽음 앞에서 용감할 수 있었던 까닭은 그의 영혼이 불멸이라서가 아니라 그가 언젠가는 죽을 수밖에 없는 인간이기 때문이다. 선행을 실천하지 않은 채 종교적인 믿음만으로 신의 정의를 충분히 만족시킬 수 있다고 설득하는 일은 모든 공익에는 파괴적인 가르침이며, 교묘하고 미묘하기보다는 해로운 면이 훨씬 크다.

그가 어린아이의 순수한 상상에 이런 질서를 부여하고, 그것을 바꾸거나 왜곡하지 않고도 우리 마음의 가장 아름다운 결과를 만들어냈다는 사실은 대단한 일이다. 그는 그것을 풍요롭거나 고상하다고 표현하지 않고, 온전하고 순수한 상태이자 쾌활하고 완벽하게 건강한 상

태로 묘사한다. (······)

 오랫동안 하늘에서 잃어버렸던 인간의 지혜를 끌어 내려와 가장 정의롭고 수고스러운 일을 해야 할 지상의 인간들에게 되돌려준 인물이 바로 이 사람이다. (······)

 그는 인간 본성이 얼마나 많은 일을 할 수 있는지를 보여줌으로써 인간 본성에 큰 은혜를 베풀어주었다. 우리 모두는 자신이 생각하는 것보다 더 풍요롭지만, 세상은 우리의 것을 사용하기보다는 다른 이의 재화와 수단을 빌리고 가져오고 훔치는 법을 가르친다.

 우리가 이렇게 힘들게 학문에 힘을 쏟아 스스로 무장하고 단련하는 목적은 무엇인가? 세상 이곳저곳에서 힘들게 땀 흘려 일하는 불쌍한 이들은 아리스토텔레스나 플라톤에 대해 들어본 적도 없고, 본보기나 교훈 따위도 알지 못한다. 그러나 대자연은 우리가 학교에서 그토록 관심을 가지고 배우던 것보다도 훨씬 더 순수하고 확고한 꿋꿋함과 인내의 실례를 그들에게서 하루도 빠짐없이 끌어내고 있다. 그들 중에는 가난을 대수롭지 않게 여기는 사람이 얼마나 많던가? 죽음을 바라거나 혹은 아무런 불안이나 고통 없이 죽음을 맞는 사람이 얼마나 많은

가? 내 정원을 갈고 있는 저 인부도 오늘 아침에 자기 아버지 혹은 자식을 땅에 묻고 온 것이다.

3권 12장 「인상에 대하여」

고통 속에서 나를 지키는 법

내가 이 글을 쓰고 있던 때는 우리나라에서 일어난 요란한 소동과 유혈이 낭자한 소요 사태가 여러 달 동안 엄청난 위력과 공포로 나를 짓누르던 시기였다. (……)

아, 얼마나 끔찍한 전쟁인가! 다른 전쟁들은 외부에서 벌어지지만, 이 전쟁은 자기 자신에게 대항하여 독으로 자신을 갉아 먹고 망가뜨린다. 이 전쟁은 너무나 파괴적이고 악의적인 본성을 가지고 있어서, 나머지 것들과 함께 자기 자신도 파괴하며 악의에 찬 분노로 자신을 갈기갈기 찢고 도륙하여 훼손한다. 우리는 내전이 필수품 부족이나 적의 무력에 의해서보다는 스스로에 의해 종식되는 모습을 여러 차례 목격했다. 온갖 규율도 종적을 감추고 사라져버렸다. 내전은 폭동을 가라앉히기 위해 일어났으나 결국에는 더 폭동으로 가득하게 되고, 불복종을 벌하려다 불복종의 본보기가 되고 만다. 또한 법을 수호하기 위해 일어났으나 자신의 법령에 맞서는 반란군 역할을 하게 된다. 그렇다면 지금 우리는 어디에 있는 것일까?

플라톤 역시 나라를 바로잡기 위해서일지라도 평화를 해치는 폭력을 원치 않았으며, 온 나라를 어지럽히고 시민들의 피와 파멸을 요구하며 위험에 빠뜨리는 개혁을 용납하지 않았다. (……) 그런 점에서 나는 세상에 플라톤이라는 사람이 존재했다는 사실을 알기 전부터 플라톤주의자였다고 할 수 있다.

야망과 탐욕, 잔인함과 복수심에는 그 자체로 충분한 지지력과 태생적인 격렬함이 없으니, 정의와 헌신이라는 영광스러운 이름을 내세워 이것들을 부추기고 자극하자. 사악한 행동이 합법화되고 행정관리의 허가를 받아 미덕이라는 외투까지 걸치게 되는 일보다 더 나쁜 상황은 상상할 수도 없다.

살아있는 이들은 고통을 당할 수밖에 없었고, 아직 태어나지도 않았던 이들 역시 고통을 당했다. 결과적으로 생계를 위해 준비해왔던 모든 것을 약탈당해 희망마저 빼앗긴 셈이었다. (……)

나는 이런 피해뿐만 아니라 몇 가지 다른 일도 겪었다. 나는 이런 혼란 속에서 절제가 가져오는 난감한 상황에 빠졌다. 나는 사방에서 얻어맞았다. 기벨린파는 나를 구엘프파로 보았고, 구엘프파는 나를 기벨린파로 여겼다.[39] 시인 중 누군가가 이것을 노래한 적이 있는데 그것이 어디에 적힌 것인지는 모르겠다. 우리 집의 처지나 내가 어울리는 이웃들에서 볼 수 있는 나의 한 가지 면모가 있다면, 나의 삶과 행적에서 보이는 또 다른 면모도 있다. 이에 대한 공식적인 비난이 없었던 이유는 딱히 꼬투리 잡을 만한 것이 없었기 때문이다. 나는 법을 어긴 적이 없기 때문에 나의 뒤를 캐려는 사람이 있었다면 아무런 소득도 얻지 못했을 것이다. (……)

운 나쁘게도 나에 대한 부당한 억측이 퍼지는 상황에서 나 자신을 정당화하거나 핑계를 대거나 해명하면 결국 내 양심이 그 억측을 도와주는 꼴이라고 생각해서 그런 방식은 피해왔다. 그리고 마치 모든 사람이 나만큼이나 내 속을 훤히 들여다보고 있는 것처럼 느껴져, 비난에서 물러서기보다는 오히려 그 비난을 향해 다가가 조롱하듯 자백해버리거나, 아니면 대답할 가치가 없는 일인

---

39 중세 유럽에서 각각 로마 교황과 신성 로마 제국 황제를 지지하는 분파를 말한다. 구엘프파(교황파)와 기벨린파(황제파)는 12세기부터 15세기까지 치열한 경쟁을 벌이며 이탈리아를 비롯한 유럽의 정세에 많은 영향을 미쳤다.

것처럼 입을 꾹 닫았다. 이런 태도를 오만한 자신감으로 여기는 사람들과 변명의 여지가 없는 명분의 취약함으로 여기는 사람들은 나를 곱지 않은 시선으로 바라본다.

(……) 무르고 나약하며 나태하고 쇠퇴하는 시대에 살지 않게 해준 운명의 여신에게 감사드리자. 이런 혼란을 겪은 다른 나라들의 이야기를 읽을 때마다 내가 그 현장에 없었다는 사실이 유감이었는데, 이렇게 우리나라에서 공공의 죽음이라는 주목할 만한 광경을 그 증상과 형태까지 두 눈으로 제대로 볼 수 있어서 나의 호기심은 어느 정도 채워진다. 그리고 어차피 내가 이런 상황을 막을 수는 없으니, 그저 현장을 목격하면서 배울 수 있다는 것만으로도 만족한다. (……) 내 인생의 휴식과 평온함의 절반 이상을 조국의 파멸 속에서 보냈다는 사실을 솔직하게 인정할 수 있을지 모르겠다. 나는 나와 직접 관련이 없는 사건들에 대해서는 인내심을 거의 발휘하지 않는다. 그리고 나 자신에게 불만을 털어놓고자 할 때면 남들에게 빼앗긴 것보다는 아직 안팎으로 내게 남아 있는 것을 더 많이 살펴본다.

역병에 대한 불안감

앞선 불행들에 이어서 이제 또 다른 불행의 물결이 밀려와 나를 덮쳤다. 유난히 전염성이 강한 역병이 집 안팎으로 퍼진 것이다. 건강한 육체는 심각한 질병에만 무너지듯이, (비록 그럴 뻔했지만) 어떤 병에도 오염된 적이 없었던 내 주변 공기가 일단 한 번 감염되자 기이한 결과들이 나타났다. (……)

나는 이런 이상한 상황을 겪게 되자 우리 집을 보는 것만으로도 두려워졌다. 집안의 모든 것이 방치된 상태여서 누구라도 마음만 먹으면 가져갈 수 있었다. 그토록 사람들과 잘 지내던 나조차도 가족의 피난처를 찾는 일이 무척이나 어려웠고, 뿔뿔이 흩어진 가족들은 자신과 친구들에게 두려운 존재가 되어 자리 잡으려는 곳이 어디든 공포의 대상이 되었으며, 이제 가족 중 누가 손가락 하나라도 아프다고 하면 바로 거처를 옮겨야만 했다. 무슨 병인지 알아볼 여유도 없었기에 당시에는 모든 병이 역병으로 여겨졌다. 문제는 의학의 원칙에 따라 어떤 위험에 노출되면 40일 동안은 병에 대한 걱정으로 두려움에 떨면서 지내야 하는데, 이 기간에 온갖 상상에 휩싸여 건강을 해치게 된다는 점이다.

만일 혼란에 빠진 여행자 무리의 비참한 안내자가 되어야 했던 6개월 동안 내가 그들의 짐을 짊어지고 모든 고통을 함께 느끼지 않았었더라면 이 모든 일들이 훨씬 덜 힘들었을지도 모른다. 나는 내 안에 결단과 인내라는 예방책을 항상 가지고 다니기 때문이다. 그리고 이 병에서 사람들이 느끼는 불안감은 그다지 나를 짓누르지 않는다. 그리고 만약 내가 혼자 이 병에 걸렸다면 훨씬 더 즐겁게 더 멀리 달아났을 것이다. (……)

당시 모든 민중의 이러한 단순함 속에서 무엇이라도 결단의 사례가 아닌 것을 보았던가? 너 나 할 것 없이 모두가 삶을 내려놓고 있었다. (이 나라의 주요 상품인) 포도는 아무도 손대지 않아 나뭇가지에 매달린 채 썩어갔고, 모두가 그날 밤이든 내일이든 곧 다가올 죽음을 예상하며 무심하게 기다리고만 있는데, 그 표정과 목소리가 너무나 태연해서 마치 필연을 받아들여 죽음을 피할 수 없는 형벌이라고 여기는 것처럼 보였다. 죽음은 항상 그렇다. 하지만 죽음에 대한 결심은 얼마나 작은 일에 좌우되는가? 겨우 몇 시간의 차이와 거리로, 또는 함께한 사람들을 헤아려보는 것만으로도 죽음에 대해 다른 생각을 가지게 된다. 이들을 보라! 어린아이든 젊은이든 노인이든 모두 같은 달에 죽기 때문에 그들은 더 이상 놀라지도 않고 비통해하지도 않는다.

나는 죽은 이들의 뒤에 남게 되는 일을 마치 끔찍한 외로움에 빠지는 것인 양 두려워하는 사람들도 보았는데, 이들은 대부분 무덤에 대한 걱정 외에는 다른 관심이 없었고, 사나운 짐승들이 들판에 흩어져 있는 시신들을 향해 떼 지어 달려드는 모습에 괴로워했다. (……) 어떤 사람들은 건강한데도 이미 자기의 무덤을 파놓았고, 또 어떤 사람들은 아직 살아 있는 상태에서 무덤 속으로 들어가 눕기도 했다. 우리 집 일꾼 한 명은 자기 손발로 직접 파낸 흙으로 자기 몸을 덮은 채 죽음을 맞이했다. 이것이야말로 좀 더 편안히 잠들기 위한 피신처가 아니었을까?

죽음에 대한 이해

어떻게 죽어야 하는지를 모른다고 해도 걱정할 필요 없다. 때가 되면 대자연이 당신에게 알려줄 테고, 그 일을 빈틈없이 처리할 것이니 염려하지 않아도 된다. 우리는 삶을 염려하느라 죽음을 힘들게 하고 죽음을 염려하느라 삶을 힘들게 한다. (……) 우리가 대비하는 것은 죽음이 아니다. 죽음은 너무나 순간적인 일이기 때문이다. 이후에 어떤 결과나 피해도 따라오지 않을 15분 정도의 고통을 위해 특별한 교훈까지 필요하지는 않다. 사실, 우리가 대비하는 것은 죽음을 맞이하는 방법이다.

사람은 취향이나 역량이 모두 다르다. 따라서 각자에게 맞는 다양한 방법을 통해 나름의 행복으로 나아가야 한다. (……) 우리가 이야기하듯이, 대중은 아둔하고 이해력이 부족해서 이처럼 현재의 불행을 견뎌내고 다가올 숙명에 무심하지 않은가? 그들의 영혼은 거칠고 무디며 우둔해서 무언가가 억지로 들어가거나 흔들어놓기도 어렵지 않은가? 만약 그렇다면, 부디 앞으로는 야만을 추구하는 학파를 따르도록 하자.

아름다움과 선함 사이의 거리

 모든 위대한 자질의 완벽한 전형인 소크라테스가 그 영혼의 아름다움과 어울리지 않게 어쩌다가 그토록 못나고 괴상한 육체를 만나게 되었는지 나는 화가 날 지경이다. 대자연이 그에게 잘못을 저지른 것이다. 육체와 정신 사이의 유사성이나 관련성만큼 그럴듯한 것도 없다. (……) 그토록 강력하고 유리한 특질인 아름다움을 내가 얼마나 높이 평가하는지는 아무리 반복해서 말해도 지나치지 않다. 소크라테스는 아름다움을 짧은 폭정이라고 불렀고, 플라톤은 자연의 특혜라고 했다. 신뢰라는 측면에서 이것을 능가하는 것은 어디에도 없다. 아름다움은 인간의 사회적 교류에서 최고의 지위를 누린다. 그것은 자신을 스스로 드러내며, 거대한 권위와 경이로운 인상으로 우리의 판단을 유혹하고 사로잡는다. (……) 나의 시중을 드는 사람들뿐만 아니라 짐승들을 보더라도 아름다움과 선함 사이의 거리는 거의 없는 것 같다.

 그러나 누군가는 어떤 내적인 경향과 미래의 운세까지 알 수 있다고 하는 얼굴의 생김새는 아름다움과 추함이라는 표제에는 어울리지 않는다고 생각한다. (……) 왜냐하면 못난 얼굴이라도 때때로 고결하고 믿음직한 분위기를 풍길 수 있고, 가끔은 아름다운 두 눈 사이에 사악하고 위험하면서 불길한 본성이 도사리고 있는 모습을 보기도 하기 때문이다. 특별히 호감 가는 얼굴을 한 사람들이 있다. 승리를 거둔 적군이 무리 지어 몰려오면 당신은 처음 보는 여러 얼굴 가운데 누군가를 택해 그에게 승복하고 목숨을 맡기게 될 텐데, 엄밀히 말하면 이때에는 아름다움을 고려하지 않는다. (……)

나는 (다른 데에서도 언급했듯이) 다음과 같은 오래된 가르침을 있는 그대로 받아들인다. 즉, 대자연을 따르면 실수할 리가 없으며, 인간에게 있어 최고의 계율은 대자연에 순응하는 것이다. 나는 (소크라테스처럼) 이성의 힘과 미덕으로 내 타고난 기질을 고치지 않았고, 기교로 내 성향을 억누르지도 않았다. 나는 내가 이 세상에 왔던 그대로 흘러가도록 내버려두고, 그 어떤 것과도 맞서 싸우지 않는다. 나의 주요한 두 가지 요소는 다행히도 평화롭고 조화롭게 지내고 있고, 이는 나를 키워준 양분이 (신께 감사하게도) 상당히 유익하고 적절했던 덕분이다.

인상이 좋아야 한다

나는 내가 보기에도 그렇고 사람들이 생각하기에도 호감 가는 외모를 가지고 있다. 가끔은 나를 전혀 알지 못하는 사람들이 나의 겉모습과 분위기만 보고서 자신들의 일이나 내 일과 관련해 나를 매우 믿어주는 경우가 있기도 했다. 이 덕분에 외국에서도 나는 드물긴 하지만 특별한 호의를 얻고는 했다.

이와 관련하여 다음의 두 가지 경험은 언급할 만하겠다. 언젠가 어떤 사내 한 명이 우리 집을 기습하려고 했었다. 우리 집 문 앞에 혼자 말을 타고 찾아와서 다급하게 들여보내 달라고 하는 것이 그의 계획이었다. 나는 그 사람의 이름을 알고 있었고, 내 이웃이자 나와 어느 정도 친분이 있었기에 그를 신뢰할 만한 이유가 있었다.

나는 누구에게나 그러하듯이 곧장 문을 열어주도록 했다. 겁에 질린 표정으로 들어온 그 남자도, 숨이 차서 헐떡이고 있는 그의 말도 모두 힘들어 보였다. 그는 우리 집에서 2킬로미터쯤 떨어진 곳에서 적과 마주쳤다며 내게 상황을 설명했다. 그의 적은 나도 아는 사람이고 그

둘이 서로 다툰다는 얘기는 들은 적이 있었다. 그는 적이 너무나 갑자기 달려드는 바람에 혼비백산하여 무기도 제대로 갖추지 못한 데다가 자기 편이 수적으로도 열세인 상황이라 우리 집으로 도망쳐 왔다고 했다. 그는 부하들이 모두 죽었거나 포로로 잡혔을 것이라며 무척이나 괴로워했다. 나는 순수한 마음으로 그를 위로하고 안심시켜 마음을 가다듬게 해주었다.

그런데 얼마 지나지 않아 그의 부하 너덧 명이 나타나더니 똑같이 겁에 질린 표정으로 집 안으로 들여달라고 했다. 잠시 후에 다른 부하 몇 명이, 그리고 다시 또 부하 몇 명이 찾아왔고, 이들의 수는 곧 서른 명까지 불어났다. 이들 모두 제대로 무장한 채였고 적들이 바로 뒤를 쫓아오는 것처럼 모두 두려움 휩싸여 정신이 나간 것처럼 보였다. 그런데 이런 수상한 광경을 보니 뭔가 의심이 생기기 시작했다. 나는 내가 어떤 시대에 살고 있는지 그리고 우리 집이 얼마나 부러움의 대상인지 모르지 않았고, 내가 아는 몇몇 사람들이 이런 비슷한 일로 고생했던 사례도 알고 있었다. 친절을 베풀고자 시작한 일에서 아무런 득도 바랄 수 없었고, 여기서 그만둔다면 모든 것이

엉망이 되는 상황을 벗어날 수 없겠다는 결론에 도달한 나는 언제나처럼 가장 단순하고 자연스러운 방법을 택했다. 그들 모두를 들이고 환대하도록 했다.

사실 나는 태생적으로 의심이 많거나 남을 믿지 못하는 성격이 아니고, 적당한 이유와 그럴싸한 해석을 찾는 편이다. 나는 일반적인 방식에 따라 사람들을 대하고, 괴물이나 기적을 믿지 않듯이 어떤 확실한 증거가 없는 한 이런 비뚤어지고 비정상적인 성향을 믿지 않는다. 게다가 나는 기꺼이 나 자신을 운명의 여신에 맡긴 채 무작정 그 품으로 파고드는 사람이며, 지금까지 이 점에 대해 나 자신을 탓하기보다는 칭찬하는 경우가 더 많았다. 또한 나 자신보다 운명의 여신이 더 내 일에 대해서는 신중하고 우호적이며 신경을 쓴다는 생각이 들었다. 나의 인생에서 어떤 행동들은 충분히 어려운 행동이라고 부를 수 있고, 생각하기에 따라서는 신중한 행동이라고도 할 수 있다. 그리고 그 행동들 가운데 3분의 1이 나의 몫이라고 가정해도 나머지 3분의 2는 전적으로 운명의 여신 몫이다.

이제 앞의 이야기로 돌아가 보자. 이 사내들은 말에

올라탄 채 내 뜰 안에 머물렀고, 나와 함께 거실에 있던 그들의 대장은 말을 마구간에 들이지 않은 채, 자기 부하들 소식을 듣는 대로 철수하겠다고 했다. 그는 자신이 이 계획의 주인이며 이제는 실행만 하면 되겠다고 생각했다. 그는 (이 이야기를 밝히는 것에 대해 전혀 꺼리거나 두려워하지 않았기 때문에) 이후에도 여러 번 말하기를, 내 표정과 솔직한 말투를 보고 그 어떤 역모 계획이나 배반 행위도 모두 포기하게 되었다고 밝혔다. 이 이상 더 무슨 말이 필요한가? 그는 나에게 작별 인사를 하며 말에 올라탔다. 그가 어떤 신호를 보낼지 주시하고 있던 부하들은 그가 그냥 떠나려고 하자 깜짝 놀라면서 이렇게 유리한 상황을 살리지 않은 점을 의아하게 생각했다.

또 한 번은 프랑스에 있는 우리 군대가 얼마 전에 무슨 휴전인지 작전 중지인지를 선포했다고 하기에, 나는 위험하고 굉장히 불안한 지역을 통과하는 여행을 떠나기 위해 집을 나섰다. 여행을 시작한 지 얼마 지나지 않아 내 소식을 들었는지 서너 무리의 기마대가 사방에서 나를 잡으러 나섰다.

사흘째 되던 날 그중 한 무리가 나를 따라잡았는데,

갑옷과 투구를 갖춘 열다섯 혹은 스무 명쯤 되는 사내들이 총기병 부대를 거느리고 나를 에워싸며 공격했다. 결국 나는 그들에게 붙잡히고 말았고, 그들은 나를 근처의 울창한 숲속으로 끌고 가더니 말에서 끌어 내린 후 재빨리 옷을 뒤지고 여행 가방이니 궤짝들을 모두 빼앗았으며, 말과 장비 같은 것들은 각자 나눠 가졌다. 그들은 가시덤불이 무성한 숲속에서 오랫동안 내 몸값을 놓고 옥신각신했는데, 내 몸값을 너무 높게 잡은 모습을 보니 나에 대해 아는 것이 별로 없는 것 같았다. 그들은 내 목숨을 어떻게 할지를 두고 자기네끼리 오랫동안 말다툼을 벌였다. 실제로 위험에 빠질 뻔한 상황이 여러 차례 있었다.

나는 계속해서 휴전 상태라는 명분을 내세우며 그들이 나에게서 빼앗은 무시할 수 없을 양의 노획품은 그들에게 넘기기로 했으나 다른 몸값은 약속하지 않은 채 버텼다. 이 문제에 대해 두세 시간 동안 이런저런 실랑이를 벌였으나 결론이 나지 않자, 그들은 도망가지 못할 비실비실한 말에 나를 태우더니 스무 명쯤 되는 화승총 부대원들에게 나를 맡기고, 내 하인들은 다른 부대에 나누어 맡긴 다음 우리를 포로로 잡고 각기 다른 길로 끌고 가라고 명령했다.

그런데 내가 그들로부터 화승총 탄착거리의 두세 배쯤 되는 거리만큼 멀어졌을 때 갑자기 그들의 태도에 예상치 못한 놀라운 변화가 나타났다. 그들의 대장이 내가 있는 쪽으로 다가오더니 밝은 표정을 지으며 이전보다 훨씬 온화한 말투로 부대 사이에 흩어진 내 물건들을 찾아오게 하더니, 그렇게 찾은 물건들을 지갑과 궤짝을 포함해 모두 내게 되돌려주라고 했다. 그러나 그들이 내게 준 가장 귀중한 선물은 다름 아닌 자유였다. 어차피 다른 물건들이야 아무래도 상관이 없었다. (처음부터 나는 솔직하게 어느 편이며 어디로 가던 중이었다고 밝혔으나) 미리 고심해서 계획했을 테고 시기가 시기인 만큼 관습상 이제는 합법적인 약탈 행위를 멈추고 그들이 왜 갑자기 생각을 바꾼 건지 나는 아직도 잘 모르겠다.

그들 중 가장 우두머리로 보이는 자가 가면을 벗고 자신의 이름을 밝히더니, 나의 용모와 거침없이 단호한 말투 덕분에 내가 이런 봉변을 겪을 인물이 아니라고 생각되어 풀어주는 것이라고 몇 번이고 반복해서 말했다. 그리고 자신에게도 같은 대접을 해달라는 약조를 당부했다. 아마도 헤아릴 수 없이 선량하신 신께서 외모라는 이 하찮은 도구를 사용하여 나를 지켜주신 것인지 모르겠다. 다음 날, 그들이 미리 귀띔해준 더 큰 위험 상황으로부터 나를 보호해준 것도 결국 나의 외모였다. 나중의 이야기에 나온 남자는 아직도 건재하여 이때의 이야기를 해줄 수 있지만, 처음 이야기에 나온 사람은 얼마 전에 살해당했다.

만약 내 얼굴이 나를 대변해주지 않았더라면, 만약 사람들이 내 눈과 목소리에서 내 의도의 순수함을 읽어내지 못했더라면, 나는 (옳든 그르든) 생각나는 대로 마음대로 지껄이며 겁 없이 사물을 판단하는 자유를 이렇게 오랫동안 아무 말썽 없이 모욕도 당하지 않으면서 유지하지는 못했을 것이다.

3권 12장 「인상에 대하여」

가장 바람직한 법이란

이성은 너무나 다양한 모습을 하고 있어서 우리는 그중 어떤 것을 취해야 하는지 알 수 없다. 경험도 이와 마찬가지로 다양한 모습을 가지고 있다. 우리가 사건들의 유사성에서 끌어내고자 하는 결론은 확실하지 않은데 왜냐하면 그 사건들이 늘 서로 다르기 때문이다. 사물의 이러한 모습에서 찾을 수 있는 보편적인 특성은 다양성과 다면성이다. (……) 하지만 법률을 잘게 쪼개고 그 수를 늘려 재판관의 권한을 제한하겠다는 사람의 견해는 그다지 내 마음에 들지 않는다. 그 사람은 법률의 제정만큼이나 법률의 해석에도 폭 넓은 자유가 있다는 사실을 이해하지 못한 셈이다. (……)

우리가 재판관들에게 심리하고 의견을 내고 추측하고 결정할 수 있는 여지를 준 탓에 이들의 자유가 요즘처럼 강력하고 제멋대로인 적이 없었을 정도가 되었다. 입법자들은 수십만 가지나 되는 개별 사례들을 추려 각각의 경우에 맞게 그만큼 많은 수의 조항을 추가했으나, 이를 통해 얻은 것은 무엇인가? 인간의 행동이 보이는 무한한

다양성에 견주어보면 이 숫자는 아무것도 아니다. 우리가 아무리 많은 조항을 신설하더라도 결코 실제 사례의 다양함은 따라잡을 수 없다. 거기에 백 배나 되는 조항을 더해본들, 이렇게 선택되고 등재된 수많은 사건 가운데서도 장차 다가올 사건과 상황이 정확히 들어맞아 다른 판단을 고려해볼 여지가 없는 사례는 찾을 수 없을 것이다.

   끊임없이 변하는 우리의 행동은 고정불변인 법과 그다지 상관이 없다. 가장 바람직한 법이란 그 수는 적으면서도 단순하고 일반적인 법이다. 지금 우리처럼 수많은 법을 갖기보다는 차라리 법이 아예 없는 편이 더 나으리라고 생각한다. 자연은 우리가 스스로 만든 법보다 훨씬 더 적절한 법을 제공해준다.

법이 어려운 이유

다른 문제에서는 이해하기 쉬운 우리의 일상 언어가 소송장, 청구서, 계약서, 증서, 소환장, 유서나 유언장 등에서는 이해하기 어렵고 모호한 이유가 무엇일까? 어떤 주제로든 말하거나 글을 쓸 때는 분명하게 표현하던 사람이라도 법적인 문제에 있어서는 의혹이나 모순 없이 자기의 뜻을 표현할 방법을 찾지 못한다. 물론, 특별히 주의를 기울여 특이하면서도 격식 있는 단어를 엄선하고, 기교 넘치는 문장을 만드느라 음절 하나하나를 저울질하고 온갖 종류의 접속사를 정교하게 다듬은 탓에, 이제는 그 무한한 형태와 세세한 구분이 더 이상 어떤 질서나 규칙의 범주에 들어오지 않고, 명확한 해석도 할 수 없게 만드는 이 분야의 대가들이 아니라면 말이다.

해석을 해석하는 일

하나의 대상을 두고 두 사람이 동일한 판단을 내린 적은 단 한 번도 없었다. 여러 사람뿐만 아니라 한 사람이라도 서로 다른 시간이라면 정확히 동일한 견해를 갖게 되기는 불가능하다. 일반적으로 나는 너무 명백해 보여서 주석이 달리지 않은 곳에 대해 의심을 품는다. 내가 아는 어떤 말들은 거친 돌길보다 평탄한 길에서 훨씬 더 자주 헛발을 디디는데, 나도 마찬가지로 평지에서 곧잘 발을 헛디딘다. 신성한 책이든 세속적인 책이든 세상 사람들이 다 같이 읽는 책 중에서 해석 때문에 본문의 어려움이 더해지지 않은 책이 없으니, 주석 때문에 의혹과 무지가 늘어난다고 말하지 않을 사람이 누가 있겠는가? 백 번째 주석은 첫 번째 주석보다 더 곤란하고 더 까다로운 내용을 다음 주석에 넘긴다. 우리들 사이에서 이 책은 이만하면 충분하다, 이제 더 이상 이야기할 것이 없다 등의 합의가 이뤄진 적이 언제라도 있었던가?

우리는 사물을 해석하기보다는 해석을 해석하는 일에 더 고심하며, 책을 주제로 하는 책이 다른 주제에 관해 쓴 책보다 많다. 우리는 서로 주석하는 일만 하고 있는 것이다. 온통 주석들만 들끓을 뿐 진정한 저자는 매우 드물다.

자유를 빼앗긴다면

신께서 보우하사, 아직 어떤 재판관도 나의 일이든 남의 일이든, 형사 사건으로든 민사 사건으로든, 어떤 사건에 대해서든 재판관의 자격으로 나에게 말을 한 적이 없다. 나는 감옥에 갇힌 적도 없으며 그쪽으로는 산책도 나선 적이 없다. 상상만으로도 그곳의 외관을 쳐다보기가 불쾌하고 역겨울 지경이다. 나는 너무도 자유를 갈망하기 때문에, 만약 내가 저 멀리 서인도 제도의 어느 한 곳에 가는 일이라도 금지된다면 내 삶은 어떤 식으로든 만족스럽지 않을 것이다. 그리고 내가 다른 곳에서라도 탁 트인 땅이나 공기를 찾게 된다면, 나는 숨어서 지낼 장소에 웅크리고 있지는 않을 테다.

이런 세상에나! 단지 우리의 법을 어겼다는 이유만으로 이 왕국의 한구석에 갇힌 채 주요 도시들로 이동하는 것도, 궁정에 드나드는 것도, 사람들과 대화를 나누는 일도, 공공 도로를 이용하는 일도 모두 금지된 많은 이들의 비참한 상황을 내가 겪어야 한다면 얼마나 견디기 힘들겠는가!

만약 내가 따르고 있는 법이 나의 손끝 하나라도 위협하는 일이 생긴다면 나는 그곳이 어디든 당장 다른 법을 찾아 나설 것이다. 지금 우리가 겪고 있는 이 내전과 분란 속에서 나는 이런 혼란으로 인해 통행의 자유가 방해받는 상황을 피하고자 최대한 신중히 애쓰고 있다. 법이 신용을 유지할 수 있는 이유는 그것이 본질적으로 정의로워서가 아니라 단순히 법이기 때문이다. 이것이 바로 법의 권위가 근거로 삼는 신비로운 기반이며, 그 외에 다른 기반이라고는 아무것도 없다. (……) 법만큼 그렇게 중대하고 광범위하게 그리고 일상적으로 과오를 범하는 것도 없다. 법이 정의롭다고 생각해서 그것을 따르는 사람이라도 마땅히 지켜야 할 방식으로 정의롭게 법을 따르는 것은 아니다.

자연의 법칙

 철학자들이 우리에게 자연의 법칙을 말하는 데에는 그만한 이유가 있지만 그 법칙은 그렇게 숭고한 지식과는 아무런 상관이 없다. 철학자들은 자연의 법칙을 손보고 매만져 지나치게 현란한 모습으로 보여주기 때문에, 그처럼 한결같은 주제가 너무나 다른 여러 모습으로 보이게 되었다. 자연은 우리에게 걸을 수 있도록 두 발을 주었듯이 인생을 헤쳐갈 수 있도록 지혜도 마련해주었다.

 가장 단순하게 자연을 따르는 것이야말로 인간이 가장 현명하게 자연을 따르는 방법이다. 아, 아는 것도 없고 호기심도 없다는 것이 잘 정리된 머리를 누이기에는 얼마나 부드럽고 안락하면서도 유익한 베개가 되는가!

문을 밀어보아야 안다

판단은 내 안에서 중요한 자리를 차지하고 있으며, 적어도 나는 그렇게 유지하려고 상당히 애쓴다. 판단은 나 자신이 품고 있는 욕구가 변질되거나 부패하는 일 없이 증오든 사랑이든 제 갈 길을 가도록 내버려둔다. 판단이 다른 부분을 자신에게 맞추도록 바꿀 수는 없더라도 적어도 그 자체가 다른 부분들에 의해 변형되지는 않을 것이다. 그것은 나름의 자기 일을 하고 있다. (……) 무지를 자각하기 위해서는 어느 정도의 지력이 필요하며, 문을 밀어보아야 비로소 그 문이 닫혔는지를 알 수 있다. (……) 확언과 고집은 어리석음을 보여주는 명백한 표식이다.

엉뚱한 행동

 우리의 행동들을 서로 결부시키는 일도 어렵지만, 보는 각도에 따라 이중적이고 애매하며 다양한 색채로 보이기 때문에 하나하나를 떼어내어 어떤 주요한 특질로 규정하는 일도 어려운 것 같다. (……)

 엇갈림이나 기이한 부조화 없이 지나는 일도 없고 단순한 특질이라고는 전혀 없어서, 언젠가 사람들은 그가 자신을 알 수 없는 존재로 알리고자 애썼다는 결론을 내리게 될 것이다.

누구나 까탈스럽다

젊은이는 자신의 활력을 깨우기 위해, 그리고 스스로 지치거나 나태해지지 않기 위해 자신의 규칙을 흔들어놓아야 한다. 명령, 체계, 규율에 따라 행동하는 것만큼 나약하고 어리석은 삶의 방식은 없다.

만약 나의 말을 믿는 사람이라면 가끔 지나친 행동도 해봐야 한다. 그렇지 않으면 그 사람은 사소한 일탈만으로도 무너져버려 결국에는 사람들 사이에서 어울리지 못하고 환영받지 못하는 존재가 될 것이다. (……)

비록 (가능한 한) 자유롭게 행동하고 무관심에 익숙하기는 하지만, 나도 (이제 더 이상 교육을 받을 나이는 지났고 앞으로는 지금의 나 자신을 유지하는 것 말고는 달리 기대할 수가 없는) 노년에 이르면서 무심함에 빠져 어떤 특정한 형태에 더 많이 의존하게 되었고, 습관은 나도 모르는 사이에 어떤 것들에 대해서는 자기 성격을 내 안에 너무도 깊이 각인시켜놓았기 때문에, 거기서 벗어나려 하는 것은 지나친 일이라 할 것이다. 그리하여 특별히 애를 쓰지 않고서는 낮잠을 잘 수도 없고, 간식을 먹거나 아침 식사를 할 수도 없으며, 저녁 식사 후 (3시간 정도의) 충분한 틈을 두지 않고서는 잠자리에 들지도 못하고 (……) 땀흘리는 것을 참을 수 없고, 맑은 물이나 포도주만으로는 갈증을 해소하지 못하며, 오랫동안 모자를 쓰지 않고 맨머리로 지내지도 못하고, 저녁 식사 후에는 이발을 하지도 못한다. 또한 셔츠가 필요한 것처럼 장갑 없이는 지내지 못하고, 잠에서 깨어날 때나 식탁에서 일어날 때 손을 씻지 않고는 견디지 못하며, 덮개와 커튼이 없는 침대에는 눕지도 못한다. 식탁보가 없는 것은 괜찮지만 독일인들이 흔히 그러하듯 깨끗한 식탁 수건 없이는 식사를 하기 어렵다.

나는 식탁 수건을 독일인들이나 이탈리아인들보다 더 지저분하게 만들고, 숟가락이나 포크를 쓰는 일은 거의 없다. 왕들의 식사법을 따라 한 누군가가 시작한 방식으로 새로운 요리가 나올 때마다 새로운 접시를 준비하듯 식탁 수건도 새로 내오는 관습을 우리가 따르지 않는다니 유감이다. 우리는 노련한 군인 마리우스가 나이가 들면서는 술을 마시는 방식이 점점 까다로워져서 자신만의 특별한 잔으로만 술을 마셨다는 이야기를 알고 있다. 나도 마찬가지로 특별한 모양의 유리잔을 사용하며, 아무나 따라주는 술을 마시기 꺼리는 만큼이나 아무나 쓰는 잔에 술을 마시고 싶은 마음이 없다. 나는 어떤 것이든 금속으로 된 잔은 좋아하지 않고, 밝고 투명한 소재의 잔을 이용하여 내가 마시는 것을 나의 두 눈도 그 능력에 맞게 맛보게 한다.

  내가 가진 이런 까다롭고 특이한 점들은 습관에서 비롯하였다. 한편으로는 천성적으로 나타나는 것들도 있어서, 하루에 두 끼를 잔뜩 먹으면 배에 부담이 가고, 한 끼라도 굶으면 배가 불편해지고 입이 마르면서 식욕이 솟구친다.

차라리 즐거움을 추구한다

 나는 건강할 때나 병들었을 때나 나를 압박하는 욕구를 기꺼이 존중하며 따랐다. 나는 내 욕망과 성향에 높은 권위를 부여한다. 나는 고통을 또 다른 고통으로 고치고 싶지는 않다. 나는 질병 자체보다 오히려 더 성가신 치료법을 싫어한다. 결석증에 굴복하여 굴을 먹는 즐거움을 누리지 못하게 된다면 한 가지로 두 가지 고통을 얻는 셈이다. 한쪽에서는 질병이 우리를 괴롭히고, 다른 한쪽에서는 처방이 괴롭힌다. 어차피 우리는 언제라도 잘못을 저지를 위험이 있으니 차라리 즐거움을 추구하는 쪽을 택하도록 하자. 사람들은 대부분 이와 반대로, 고통스럽지 않은 일은 그 무엇도 유익하지 않다고 생각하고, 오히려 쉬운 일을 의심한다.

 다양한 것들을 좋아하는 나의 식욕은 다행히 스스로 조절되어 내 위장 건강에 맞게 잘 자리 잡았다. 젊은 시절에는 양념의 시큼한 맛과 톡 쏘는 맛을 즐겼으나, 내 위장이 그런 것들을 받아들이지 않게 되자 금방 나의 입맛도 바뀌었다. 포도주는 병자에게 해롭다. 포도주는 가장 먼저 내 입맛에 맞지 않게 되어 이제는 전혀 당기지 않는다. 내키지 않은 상태에서 마지못해 먹은 것은 무엇이든지 나에게 해롭지만, 허기진 상태에서 맛있게 먹은 것은 하나도 해롭지 않다. 내가 기분 좋게 한 어떤 행동으로 인해 해를 당한 적은 없다. 그래서 나는 대체로 의학적 결정보다는 나의 즐거움을 앞세웠다.

우리는 우리의 조건이라는 법칙을 순순히 따르고 견뎌내야 한다. 아무리 의약이 좋아도 우리는 결국 늙고 약해지고 병들 수밖에 없는 존재다.

피할 수 없는 것이라면 인내심을 갖고 견딜 줄 알아야 한다. 우리의 삶은 부드럽거나 거칠거나, 날카롭거나 나지막하거나, 낮거나 높거나 하는 서로 반대되는 다양한 곡조들로 구성된 세상의 화음과 마찬가지로 상반되는 것들로 이루어졌다. 이 중 한 가지만 사랑하는 음악가가 무엇을 표현할 수 있을까? 음악가라면 각각의 용도를 알고 그것들을 서로 섞어서 사용하는 법을 알아야 한다. 우리 삶에 본질적으로 존재하는 선과 악도 이와 같다. 우리 존재는 이렇게 섞어 쓰지 않고는 성립할 수 없으며, 어느 쪽이든 다른 쪽과 마찬가지로 필요한 요소이다.

질병을 겪고 난 다음에

하지만 더없이 날카롭고 격렬한 결석증으로 극심한 고통을 겪다가 결석을 빼내면서 천둥 번개를 벗어나 건강이라는 아름다운 햇살을 되찾을 때, 그토록 자유롭고 충만한 변화만큼 즐거운 일이 또 있을까? 이런 고통을 겪다가 그토록 신속하게 상태가 호전되면서 느낀 달콤한 쾌감을 무엇에 비할 수 있을까? 질병과 건강은 서로 그렇게 가까이 붙어있어서 각자의 가장 두드러진 모습으로만 알아볼 수 있으니, 질병을 겪고 난 다음에 찾아오는 건강이 나에게 얼마나 더 아름답게 보이겠는가!

(……) 몸이 완전히 안정된 상태에 이르기까지는 너무 많은 위험과 단계가 있어서 결코 끝이 보이지 않는다. 두건을 벗고 취침용 모자를 쓰기 전에, 혹은 바깥바람을 쐬거나 포도주를 마시거나 아내와 함께 눕거나 멜론을 먹기 전에 다시 고통으로 쓰러지지나 않으면 굉장히 운이 좋은 셈이라 하겠다.

개인적인 습관

젊은이들에게 활동과 각성보다 더 권장할 만한 것은 없다. 우리의 삶은 움직임에 불과한데, 나는 몸을 잘 움직이지도 않을뿐더러 모든 일에 굼뜨고 일어날 때나 잠자리에 들 때, 식사할 때도 그러하다. 나에게 아침 일곱 시는 이른 시간이다. 내가 마음대로 할 수 있는 곳에서는 열한 시 이전에 식사하는 법이 없고, 저녁도 오후 여섯 시가 지난 후에야 먹는다. 나는 지금껏 열이 나거나 아프면 내가 너무 오랫동안 자는 바람에 몸이 무거워지고 나른해진 탓이라고 생각해서, 아침에 깨었다가 다시 잠드는 일을 항상 후회했다. 플라톤은 과도한 음주보다 지나치게 오랜 수면을 더 나쁘게 보았다. 나는 왕실의 방식처럼 따뜻한 이불을 덮고 여자 없이 혼자 깊이 잠들고 싶다. 나는 침대를 따뜻하게 덥혀본 적이 없지만, 노년에 접어들면서는 필요에 따라 발과 배를 따뜻하게 해줄 홑이불을 챙긴다.

내 행동이나 생활 방식에 특이한 점이 있다면, 그것은 다른 어떤 것보다도 잠자리에 드는 일일 것이다. 그러나 나는 대체로 다른 사람들과 마찬가지로 잠이 필요하면 조용히 굴복하고 따른다. 잠은 내 삶의 많은 부분을 차지해왔고, 지금 나이에도 여전히 여덟에서 아홉 시간을 내리잔다. 바람직하게도 나는 이 나태한 성향에서 벗어나고 있으며, 확실히 스스로 더 나아졌다고 느낀다. 실제로 변화의 충격이 다소 있었지만, 그것도 사흘이 지나자 사라졌다. 그리고 (필요할 때는) 나만큼 적게 자는 사람도, 나만큼 꾸준히 훈련하는 사람도, 나만큼 고된 일에 괴로워하지 않는 사람도 거의 보지 못했다.

내 몸은 꿋꿋하게 버티는 동작은 할 수 있어도 격렬하거나 급작스러운 동작은 하지 못한다. 나의 팔다리는 뜨거워지기도 전에 지쳐버릴 터라 땀 흘리는 격한 운동은 피한다. 나는 하루 종일이라도 서 있을 수 있고, 아무리 걸어도 힘들어하지 않는다. 그러나 어릴 적부터 포장도로 위라면 걷기보다는 말을 타고 다니기를 더 좋아했다. 나는 한 걸음만 걸어도 허리춤까지 흙이 튄다. 그리고 길거리를 걸어 다니다 보면 작은 사람들은 (외관에서 풍기는 존재감 부족으로) 밀쳐지거나 팔꿈치에 치이고는 한다.

군인과 대화하기

군인보다 더 즐거운 직업도 없다. 이것은 하나의 직업이고 활동이지만, (모든 미덕 중 가장 강하고 가장 관대하며 가장 자랑할 만한 덕은 진정한 용맹이기에) 그 실행도 고귀하고 명분 또한 고귀하다. 조국의 평화를 수호하고 그 위대함을 지키는 일보다 더 정의롭고 보편적인 공익은 없다. 수많은 고귀하고 활동적인 젊은이들과 함께 지내며 나눈 일상적인 대화는 큰 즐거움이 아닐 수 없었다. 일상적으로 펼쳐지는 비극적인 광경, 기교나 꾸밈없이 자유롭게 나누는 대화, 허식 없고 남자다운 생활 방식, 끊임없이 변하는 수많은 작전, 귀와 영혼에 즐거움과 열망을 동시에 불어넣는 군악의 웅장한 화음, 이 일을 수행한다는 뚜렷하면서도 비할 바 없는 영예 그리고 그 과정이 수반하는 혹독함과 어려움마저도 모두 마음에 든다.

타고난 자족감

정신이 그러하듯 몸이 뜻대로 움직여준다면 우리는 좀 더 편히 지낼 수 있을 것이다. 그 당시 나는 아무런 근심도 없었을뿐더러 대체로 그러했듯이 일부는 기질에 따라, 또 다른 일부는 의도에 따라, 만족감과 유쾌함으로 충만해 있었다. (……) 나는 나에게 다가온 자연스러운 쇠약에 대해서도 불평하지 않는다.

또한 내 수명이 떡갈나무만큼 길지 않다고 해서 안타까워하지도 않는다. 내 상념들을 비난할 이유도 없다. 잠을 깨우긴 했으나 괴로움은 없었던 욕망을 제외하면, 나는 살면서 잠에서 깰 만큼 지나친 생각이나 근심도 거의 없었다. 나는 꿈을 잘 꾸지 않지만, 꿈을 꾼다 해도 그것은 대개 즐거운 생각에서 나온 과장되고 허황된 것들이라서 슬프기보다는 우스꽝스럽다. 또한 나는 꿈이 우리의 성향을 충실하게 해석해준다는 말이 맞다고 생각한다. 그렇지만 꿈을 분류하고 이해하는 데에는 대단한 기술이 필요하다.

나이 들어간다는 것

나는 식탁에서 음식을 가리지 않고 보통 가장 먼저 나오고 가장 가까이에 있는 요리부터 시작하며, 이 맛 저 맛 모두 맛보려고 하지 않는다. 수많은 요리와 다양한 서비스는 사람이 많이 모여 있는 것 같아서 마음이 불편하다. 나는 약간의 요리로도 쉽게 만족한다.

따라서 연회에서는 맛있게 먹고 있던 요리를 거두어 가고 그 자리에 새로운 요리를 차려내야 하며, 손님들에게 온갖 새의 날개살과 엉덩잇살을 배불리 대접하지 않으면 형편없는 만찬이며, 오직 우아한 새인 식용 꾀꼬리만이 통째로 한입에 먹을 만하다고 했던 파보리누스[40]의 견해를 혐오한다.

나는 주로 소금에 절인 고기를 먹지만, 빵은 다소 담백한 것을 즐긴다. 우리 집 제빵사는 우리 지역의 관습과는 반대로 나의 식탁에 이런 빵만 올린다. 내가 어렸을 때 사람들은 일반적으로 어린아이들이 좋아하는 설탕이

---

[40] 고대 로마의 철학자.

나 잼, 구운 과자 등을 거부하는 내 입맛을 바꿔보려고 했다. 내 가정교사는 내가 그런 맛있는 음식들을 싫어하는 것이 까탈스러운 태도라며 꾸짖었다. 사실 어떤 음식을 좋아하고 싫어하는지는 입맛이 까다로운 문제에 불과하다. 통밀빵이나 베이컨, 혹은 마늘을 유난히 좋아하는 어린아이에게서 그 음식에 대한 사랑을 앗아버린다면 그 아이는 먹는 즐거움을 알지 못하게 된다. 어떤 이들은 메추리 요리가 있어도 저민 소고기 요리나 돼지 뒷다리살 훈제 베이컨이 없다고 아쉬워한다. 그 사람들은 힘든 시절을 모르는 이들인가? 그런 것은 까다로운 이들 중에서도 가장 까탈스러운 입맛이자, 평범하고 익숙한 음식에는 싫증이 난 팔자 좋은 이들의 입맛이다.

사실 여기에는 이러한 차이가 있다. 자신의 욕망을 가장 쉽게 얻을 수 있는 대상에 매어 두는 것은 좋은 일이지만, 그렇다고 해도 자기를 강제로 매어 두는 일은 악덕이다.

오랫동안 앉아 식사를 하면 몸도 지치고 기분도 언짢아진다. 다른 즐길 거리가 없어서인지 혹은 어릴 적에 만들어진 습관 때문인지는 몰라도 나는 식탁에 앉아 있는 동안에는 먹기만 한다. 그래서 집에서는 식사 시간이 짧은데, 보통은 식탁에 내가 제일 먼저 앉지 않고 다른 사람들이 앉은 후에야 자리에 앉는다. 반대로, 식사 후에는 오랫동안 편히 쉬면서 식탁 위에서 벌어지는 어떤 담론이나 대화에 귀 기울이기를 좋아하는데, 배가 부른 상태에서 이야기하면 금세 피곤해지고 내 몸에도 좋지 않기 때문에 그 대화에 끼어들지는 않는다. 그 대신 식사 전에 힘찬 목소리로 토론하고 논쟁하는 훈련은 매우 즐겁고 건강에도 좋다고 생각한다. (……)

나는 눈앞에 보이지 않는 음식은 원하지도 않고 부족하다고 느끼지도 않기 때문에 나를 돌보는 사람들은 내게 해로울 수 있다고 생각되는 것은 무엇이든 손쉽게 치워버릴 수 있다. 그러나 음식이나 다른 어떤 것이라도 일단 내 앞에 놓이면, 나에게 자제를 권하는 이들의 노력은 헛수고가 되고 만다. 그래서 내가 절식을 하기로 결심하면 식사하는 다른 사람들과 따로 앉고 정해진 음식 외에 다른 음식은 올리지 않도록 해야 한다. 다른 사람들과 함께 식사하게 되면 무슨 결심을 했는지 잊어버리기 때문이다. 내가 어쩌다 요리사에게 고기나 요리의 종류를 바꿔 달라고 말하면, 집안 사람들은 모두 내가 그 음식에는 거의 손도 대지 않으리라는 사실을 알아챈다.

나는 고기의 종류와 상관없이 덜 익힌 상태를 좋아하고, 위험하지만 않다면 냄새가 변할 만큼 숙성된 상태를 좋아한다. (특별한 경우가 아니라면 나는 내가 아는 그 누구보다도 무심하게 무엇이라도 신경 쓰지 않고 잘 먹지만) 대체로 딱딱하고 질긴 고기는 영 입맛에 맞지 않고, (보통 사람들의 생각과는 달리) 생선이라도 어떤 것은 너무 신선하거나 너무 단단하게 느껴져서 별로다. 치아의 상태가 좋지 못해서 그런 것은 아니다. 나의 치아는 다른 사람들처럼 항상 최상의 상태였는데 지금은 나이가 들어서 약간 걱정되기 시작했다. 나는 어릴 적부터 아침에 일어났을 때, 식탁에 앉을 때나 일어날 때도 식탁 수건으로 이를 문질러 닦으라고 배웠다.

신께서는 인간의 생명을 조금씩 빼앗는 것으로 인간에게 은혜를 베푸신다. 그것이 노년이 누리게 되는 유일한 축복이다. 최후에 맞게 될 죽음은 줄어든 만큼 덜 고통스러울 것이며, 그러면 결국 사람의 절반 혹은 반의 반만 죽이는 죽음일 것이다. 내 치아 하나가 통증도 없이 애쓰지 않았는데도 저절로 빠져버렸다. 그 치아가 본래 가지고 있던 수명의 한계에 도달한 것이다. 내 존재는 그 일부인 치아뿐만 아니라 여러 다른 부분들도 마찬가지로 이미 수명을 다했다. 혈기 왕성하던 시절에는 가장 상태가 좋았던 것들도 이제는 반쯤 죽은 상태이다. 나는 이렇게 무너지고 나 자신에게서 빠져나간다. (……) 나는 가장 공정하고 자연스러운 죽음을 맞이할 것이며, 이제 늙음에 대해 운명의 호의를 요구하거나 바라는 일은 부당하리라는 생각에서 진정으로 특별한 위안을 얻는다. 사람들은 과거의 사람들이 키가 컸던 만큼 더 오래 살았다고 믿는다. 하지만 이는 잘못된 생각인데, 저 옛날에 살았던 솔론[41]은 키가 컸어도 일흔 살까지밖에 살지 못했다.

---

[41] 고대 그리스의 정치인으로 아테네 민주주의의 기초를 닦은 인물.

아이를 키운다면

　나에게 아들이 있었다면 나와 같은 행운이 내 아들에게 깃들기를 진심으로 빌어주었을 것이다. 신은 나를 위해 훌륭한 아버지를 마련해주셨다. (아버지의 선량함은 진실로 위대한 것이며 나는 그저 감사드릴 따름이다.) 아버지께서는 내가 요람에 있을 때 나를 당신의 영지인 한 가난한 마을로 보내어 젖을 뗄 때까지 상당히 오랫동안 그곳에서 가장 소박하고 평범한 방식으로 자라도록 하셨다.

　자녀 양육의 의무를 당신이 움켜쥐지도 말고, 아내에게는 그 의무를 더욱 적게 지우라. 운명에 맡겨 아이들이 대중적이고 자연적인 법칙에 따라 자라도록 하라. 관습에 맡겨 아이들이 검소하고 엄격한 삶에 길들도록 하라. 그리하여 그들이 험난한 삶으로 올라가기보다는 거기에서 내려오도록 하라. 아버지의 계획에는 우리의 도움이 필요한 사람들과 친해지고 그들의 처지를 깨닫게 하겠다는 또 다른 의도가 있었다. 내가 나에게 등을 돌리는 사람들보다는 나에게 손을 내미는 사람들에게 눈을 돌려야 한다고 생각하셨기 때문이다. 그런 이유에서 가장 곤궁한 사람들을 돕고 애착심을 갖도록 그들과 더 많이 엮이게 하셨다. 아버지의 의도는 조금도 엇나가지 않았다. 더 큰 영광을 위해서, 혹은 내 안에서 무한히 솟아나는 강한 연민 때문에 나는 기꺼이 더 낮은 계층의 사람들을 위해 헌신한다.

현명하게 세월을 받아들인다

적절함이 최선이라는 그 옛날의 탁월한 중용[42]을 그토록 찬양하며 가장 완벽한 척도로 여겨온 내가 터무니없게도 해괴망측한 노년을 바라겠는가? 자연의 순리를 거스르는 일은 무엇이든 불쾌하겠으나, 자연을 따르는 일은 언제나 즐거울 것이다.

죽음은 곳곳에서 우리 삶으로 들어와 뒤섞인다. 쇠퇴는 죽음의 시간에 앞서 다가오며 우리가 나아가는 과정에도 서서히 스며든다. 나는 스물다섯 살 때와 서른 살 때 내 모습을 담은 초상화가 있다. 나는 가끔 그것을 지금의 초상화와 비교해보는데, 몇 번을 보아도 더 이상 내 모습이 아니다. 과거 그림 속의 모습에서 멀어진 지금의 내 모습은 죽을 때의 모습에 얼마나 더 가까워진 것일까? 본성을 너무 멀리까지 끌고 온 나머지 본성이 우리의 행동, 우리의 눈과 치아, 우리의 다리와 그 밖에 모든 부분까지 단념한 채 구걸해 받아온 낯선 도움에 우리

---

[42] '적절함이 최선'이라 뜻의 그리스어 'μέτρον ἄριστον'를 사용했다.

를 내맡기며, 우리를 따라오다 지쳐서 의술의 손에 떠넘길 수밖에 없도록 하다니, 그것은 본성을 지나치게 혹사하는 일이다.

나는 멜론을 제외하고는 채소나 과일을 과히 즐기지 않는다. 아버지는 소스라면 다 싫어하셨지만, 나는 종류를 가리지 않고 어떤 소스든 좋아한다. 과식하면 속이 거북해지지만 음식의 어떤 성질이 나에게 해로운지는 아직 잘 모르겠다. 나는 보름이나 그믐이나, 혹은 봄이나 가을이나 큰 차이를 모르겠다. 우리 안에는 확실히 변덕스럽고 알지 못할 변화들이 생겨난다. (예를 들면) 처음에는 고추냉이가 입맛에 맞더니, 나중에는 싫어졌다가 지금은 또다시 내 위장이 잘 받아들이고 있다. 여러 음식을 두고 나의 입맛이 바뀌고 나의 위장이 변한다는 것이 느껴진다. 포도주 취향도 백포도주에서 진한 적포도주로 바뀌기도 하고 다시 진한 적포도주에서 백포도주로 바뀌기도 한다.

나는 생선을 매우 좋아해서 남들이 절식할 때도 생선을 먹고 금식할 때도 성찬을 즐긴다. 다른 사람들과 마찬가지로, 나도 생선이 고기보다 소화가 잘된다고 생각한다. 금식 기간에 고기를 먹는 일이 마음에 걸리듯, 생선과 고기를 함께 먹는 것도 내 입맛에는 거북하다. 나에게 이 두 식재료는 너무 다르게 느껴지기 때문이다.

나는 젊은 시절부터 이따금 식사를 거르는 버릇이 있었는데, 이는 다음 날 입맛을 돋우기 위해서였다. (에피쿠로스는 풍성한 식사가 아니더라도 쾌락을 간직할 수 있게 하려고 일부러 단식하거나 소박한 식사를 했다면, 나는 그와 반대로 풍성한 식사를 한껏 즐길 수 있도록 식욕을 돋우기 위해 그렇게 했다.) 혹은 어떤 신체적 또는 정신적 활동을 위해 활력을 더 잘 유지할 목적으로 단식했는데, 왜냐하면 너무 배가 부르면 이상하게도 신체나 정신이 모두 심하게 게을러지기 때문이다. (그리고 무엇보다도 그토록 건강하고 쾌활한 여신과 술 냄새를 풍기며 트림이나 하는 남신을 짝지어 주는 일은 하기 싫다.) 혹은 아픈 위장을 치료하기 위해서, 혹은 함께 식사할 적당한 친구가 없어서 식사를 거르고는 했다.

그리고 에피쿠로스가 말했듯이, 나는 무엇을 먹는지보다는 누구와 함께 먹는지를 신경 써야 한다고 생각한다. 또한 페리안드로스의 연회에 초대받았으나 다른 손님들이 누구인지 확실히 알기 전까지는 참석하겠다는 약속을 하지 않은 킬론을 칭송한다.[43] 사람들과의 대화와 상호 교류에서 얻은 것보다 더 달콤하고 기분 좋은 요리도 없으며 그보다 더 풍미가 깊은 소스도 없다.

---

43 기원전 6세기 고대 그리스의 도시국가 코린토스의 참주인 페리안드로스와 같은 시기 스파르타의 정치인인 킬론은 모두 그리스의 일곱 현인으로 꼽힌다.

춤출 때는 춤을 추고, 잠잘 때는 잠을 잔다

세속적인 일만 다루는 나는 육체를 가꾸는 일을 비웃고 적대시하는 비인간적인 지혜를 혐오한다. 자연적인 쾌락을 역겨워하거나 혹은 그것을 지나치게 탐닉하는 일도 다 같이 옳지 않다고 생각한다. (……)

(아리스토텔레스가 말했듯이) 야만적인 어리석음으로 인해 그런 쾌락을 혐오하는 사람들도 있다. 내가 아는 사람 중에는 야심 때문에 그렇게 생각하는 사람도 있다. 그들은 왜 숨 쉬는 일은 포기하지 않는 것일까? 그들은 왜 자기들 것만으로 살지 않으며, 노력하지 않아도 저절로 주어지는 빛을 왜 거부하지 않는 것일까? 케레스, 베누스, 바쿠스 대신 마르스, 팔라스, 메르쿠리우스가 그들을 기른다면 어떤 일이 일어나겠는가?[44]

몸은 식탁에 앉아 있더라도 정신은 구름 속에 두어야 한다는 말을 싫어한다. 나는 정신이 한자리에 묶여 있거

---

44 로마 신화에서 케레스는 곡물의 여신, 베누스는 미와 사랑의 여신, 바쿠스는 포도주의 신이다. 반면, 마르스는 전쟁의 신, 팔라스는 전투의 신, 메르쿠리우스는 전령의 신이자 저승사자의 역할을 한다.

나 머물러 있기를 바라지 않고 오히려 스스로 움직이기를 바란다.

나는 춤출 때는 춤을 추고 잠잘 때는 잠을 잔다. 그리고 내가 아름다운 과수원을 홀로 거닐 때 잠시 엉뚱한 생각이 떠올랐다 하더라도 나머지 시간에는 생각이 과수원 산책, 달콤한 고독 그리고 나 자신에게로 돌아오도록 한다. 대자연은 마치 자애로운 어머니처럼 우리의 필요를 위해 명령한 행동들이 또한 쾌락이 되도록 마련해놓아서, 우리가 단순히 이성에 의해서뿐만 아니라 욕망에 의해서도 그런 행동들을 하도록 이끌어준다. 그러니 대자연의 법칙을 어지럽히는 일은 옳지 않다.

우리는 얼마나 대단한 바보인가! 우리는 말한다. 평생 하는 일 없이 게으르게 살았다고, 혹은 아! 내가 오늘 아무것도 하지 않았다고. 아니, 당신은 살아보지 않았다는 말인가? 산다는 것은 당신이 하는 일 중에서 가장 기본적일 뿐만 아니라 가장 고귀한 일이기도 하다.

우리는 또 이렇게 말한다. 중대한 일을 관리하는 데 적합하다고 여겨져 그런 자리에 있었다면, 역량을 펼쳐 보여주었을 것이라고. 당신은 삶을 계획하고 관리할 줄 아는가? 그렇다면 모든 일 중에서 가장 위대한 일을 성취한 것이다.

  사람이 자신을 드러내 보이고 뜻을 펼치는 데 있어서 본성은 행운을 필요로 하지 않는다. 본성도 마찬가지로 모든 면에서, 모든 단계에서, 마치 가림막이나 보호막이 없는 것처럼 자신의 이면을 드러내 보인다. 당신은 처신을 어떻게 해야 하는지 아는가? 그렇다면 책을 펴낸 사람보다 더 많은 일을 해낸 것이다. 당신은 안정을 취하는 법을 아는가? 그렇다면 제국과 도시를 싸워 얻은 사람보다 더 많은 일을 해낸 것이다. 우리 인간의 영광스러운 걸작이란 바로 제대로 사는 일이다.

잘 살아가는 방법

현자들은 그렇게 살았다. 그리고 두 명의 카토[45]가 미덕을 향해 기울인 누구도 흉내 낼 수 없는 노력은 무척이나 놀랍지만, 끈덕지기까지 한 그들의 엄격한 기질은 인간 조건의 법칙과 베누스와 바쿠스의 법칙을 기꺼이 따른 것이다.

내가 생각하기로는 한가로움과 여유로움이 대단한 영예이며, 너그럽고 고귀한 정신에 가장 잘 어울리는 것 같다. 에파미논다스[46]는 도시의 청년들과 어울려 춤추고 노래하고 악기를 연주하며 몰두하는 일을 자신이 거둔 찬란한 승리의 명예와 자신 안에 있는 완벽한 풍습 개혁을 훼손하는 일이라고 생각하지 않았다. 그리고 천상에서 내려온 인물이라는 세평이 어울리는 소(小) 스키피오의 존경할 만한 수많은 행적 가운데, 친구 라엘리우스와 함

---

45 로마의 장군·정치가·문인인 대(大) 카토(기원전 234~기원전 149)와 그의 증손자이자 로마 공화정 말기의 정치인인 소(小) 카토(기원전 95~기원전 46)를 말한다.
46 고대 그리스의 명장으로 스파르타를 물리치고 테베의 패권 확립을 도모한 인물.

께 아이들처럼 태평하게 해변을 거닐며 조개껍질을 골라 줍고 날씨가 궂은 날에는 사람들의 가장 속되고 천한 행동들을 글과 희극으로 표현하면서 즐거워하던 모습만큼 그에게 매력을 더해주는 것도 없다.[47]

사람 노릇을 제대로 잘하는 것만큼 훌륭하고 당당한 일은 없으며, 잘 살아가는 법을 배우는 일만큼 힘들고 어려운 학문도 없다. 그리고 우리가 가진 모든 병폐 중에서 가장 야만스러운 것이 바로 우리의 존재를 얕보는 일이다.

나는 나의 정신이 고통과 쾌락을 똑같이 균형 잡힌 시선으로 단호하게 바라보되 고통은 유쾌하게, 쾌락은 엄격하게 바라보게 하고, 고통을 소멸시키는 데에 신경 쓰는 만큼 쾌락을 확대하는 데에 힘쓰도록 한다.

---

[47] 기원전 2세기 중엽 로마의 스키피오 아이밀리아누스와 그의 친구인 스토아 철학의 현자 라엘리우스는 당시 최고 교양인들의 문학적·철학적 집단인 스키피오 서클을 주도했다.

삶의 가치

 흔히들 말하듯 소일(消日)한다거나 시간을 보낸다는 표현은 인생을 그저 지나쳐 보내며 마치 귀찮고 성가신 것인 양 할 수만 있으면 무시하고 외면하는 것이 인생을 가장 잘 사는 방법이라고 생각하는 똑똑한 양반들의 태도를 잘 보여준다. 하지만 인생이 이와는 다르다고 알고 있는 나는 지금 내가 붙들고 있는 인생의 쇠퇴기에 와서도 여전히 인생을 가치 있고 편안한 것으로 생각한다. 그리고 자연은 너무도 유리한 조건들을 갖춘 인생을 우리 손에 쥐어주었기 때문에, 인생이 우리를 짓누르고 괴롭히거나 아무 소득 없이 우리로부터 빠져나가더라도 우리 자신을 탓할 수밖에 없다. 그래서 나는 인생을 놓아주고 떠나보내더라도 아쉬움이 남지 않도록 마음의 준비를 하고 있으며, 인생이란 괴롭거나 귀찮은 것이 아니라 오히려 그 본성상 잃을 수밖에 없는 덧없는 것으로 여긴다.

 인생을 즐기는 데에는 나름의 요령이 있다. 나는 다른 사람들보다 인생을 두 배로 즐긴다고 하는데, 얼마나 즐기는가는 우리가 인생에 얼마나 마음을 쏟는지에 달려 있기 때문이다. 특히 남은 시간이 얼마 남지 않았다는 사실을 깨달은 이 순간 나는 인생을 그 비중으로 늘려놓고 싶다. 나는 날아가는 인생을 재빠르게 잡아 멈추고 그 시간을 밀도 있게 사용함으로써 빠른 속도로 흘러가는 인생을 보충할 것이다. 인생을 소유할 시간이 점점 짧아지고 있기에 나는 인생을 더욱 깊고 충만하게 만들어야만 한다.

  나도 다른 사람들과 마찬가지로 만족감과 풍요로움에서 오는 달콤함을 느끼기는 하지만, 미끄러지듯 지나가는 식은 아니다. 우리는 우리에게 삶을 허락한 분께 마땅히 감사드리기 위해서라도 인생을 탐구하고 음미하며 되새겨 보아야 한다. 사람들은 잠자는 쾌락을 누리듯 다른 쾌락들도 의식하지 못한 채 즐긴다. 그렇지만 나는 잠조차도 무심하고 무감각하게 놓치지 않으려고 한다. 잠을 더 잘 음미하고 알아보려는 목적으로, 자는 동안 누가 나를 좀 깨워주면 좋겠다고 생각한 적도 있다. 만족감을 느낄 때면 나는 겉만 훑어보는 것이 아니라 그 느낌을 깊숙이 탐색하고 나의 이성을 적용해 최대한 즐기고 받아들인다. (……)

 내가 평온한 상태에 있는가? 나를 자극하는 쾌감이 있는가? 나는 그 쾌감이 내 감각을 휘젓고 다니도록 놔두지 않고 내 정신이 관여하게 한다. 이렇게 하는 이유는 정신이 거기에 빠지거나 묶이게 하기 위해서가 아니라 그 안에서 즐거움을 찾기 위해서다. 거기에서 길을 잃지 않고 자기 자신을 찾기 위해 그리고 정신이 직접 풍요로운 상태에서 자신을 비춰보며 자신이 가진 행운의 무게를 측정하고 평가하면서 행운의 크기를 늘리게 하기 위해서다.

 정신은 양심과 그 외의 내적인 격정들이 안정되고 육체는 자연스러운 상태에 있으면서, 신께서 뜻에 따라 자신의 정의로 우리를 벌하시는 고통에 대한 보상으로 주신 은총을 받아 아늑하고 온화한 기능들을 제대로 충분히 누리고 있으니, 신께 얼마나 큰 은혜를 입고 있는 것인가. 아, 정신이 어디로 눈을 돌리든 주위의 하늘은 고요하고, 어떤 욕망도 두려움도 의혹도 공기를 어지럽히지 않으며, 자기의 생각을 펼치는 데 아무런 어려움도 없는 그런 상태에 있다는 것이 얼마나 다행인가를 헤아려

본다.

그러므로 나는 신께서 기쁜 마음으로 우리에게 부여하신 인생을 사랑하고 소중히 여긴다. 나는 살기 위해 먹고 마실 것이 필요하다는 점에 대해서 불평하고 싶지는 않다. 또한 에피메니데스[48]가 단식하면서 복용했다던 그 약을 조금이라도 우리 입 안에 넣어 생명을 유지하기를 원치 않으며, 아무런 감각도 없이 손가락이나 발뒤꿈치로 아이를 생산하기를 바라지도 않는다. (……) 또한 육체에서 욕망과 짜릿한 쾌감이 사라지기를 바라는 것도 아니다. 그런 것들을 바란다면 배은망덕하고 불경한 일일 것이다. 나는 자연이 나에게 베풀어준 것들을 기꺼이 감사한 마음으로 받아들이고 그것에 만족하며 자랑스럽게 여긴다. 저 위대하고도 전능하신 수여자께서 내려주신 선물을 거부하고 쓸모없게 만들거나 훼손한다면 그분께 엄청난 잘못을 저지르는 것이다. (……)

자연은 온화한 안내자이지만 온화함 이상으로 신중하고 정의롭다. 나는 곳곳에서 자연의 흔적을 쫓는다. 우리

---

48   기원전 6세기경에 활동한 크레타 출신의 예언자이자 철학자.

는 그것을 인위적인 자취와 혼동해왔다.

어떤 행동들이 우리에게 필요하다는 이유로 그것들을 낮게 평가한다는 것은 잘못된 일이 아닌가? 그러나 (고대의 한 작가가 말했듯이) 신들이 일을 꾀할 때 항상 사용한다는 필요와 쾌락의 결합이 가장 적절한 조합은 아니라는 생각을 떨칠 수가 없다.

우리는 어떤 목적으로 그토록 긴밀하고 일관되며 마치 형제처럼 엮인 결합을 분리하려고 하는가? 오히려 이 둘이 각각 서로 돕도록 연결하여 영혼은 둔한 육체를 깨워 활기를 불어넣고, 육체는 가벼운 영혼을 붙잡아 고정하게 하자.

신께서 우리에게 주신 이 선물에는 우리가 소홀히 여길 부분이 하나도 없으며, 털 한 가닥이라도 소중히 여겨야 한다. 그리고 인간의 조건에 따라 인간을 인도하는 일은 절대로 시시한 일이 아니다. 그것은 명백하고 자연스러운 과업이며 조물주께서 우리에게 진지하고 엄격하게 부여한 사명이다.

나는 여기서 우리와 같은 보통 사람들과 어울리거나 혹은 우리를 즐겁게 하는 헛된 욕망이나 상념과 뒤섞이지도 않고, 열렬한 신앙심과 종교적 열정으로 고양되어 천상의 신성한 것들에 대해 끊임없이 명상하는 이들을 언급하지도 않는다. (……) 또한 궁색하고 유동적이며 모호한 안락에 의지하는 우리의 모습을 비웃으면서, 세속적이고 현실적인 양식을 살피고 사용하는 일을 육체의 문제로 쉽사리 떠넘기는 존엄한 영혼들을 다루는 것도 아니다.

    그들은 자기에게서 빠져나와 인간을 벗어나고자 할 것이다. 이것은 완전히 어리석은 짓이다. 그들은 천사로 변하는 것이 아니라 짐승으로 변하고, 드높아지기는커녕 스스로 비하한다. 그런 초월적인 기질은 오를 수 없을 정도로 너무 높은 곳에 있어 나를 두렵게 한다. 그리고 내가 보기에 소크라테스의 삶에서 그의 황홀경이나 정령과의 대화만큼 소화하기 어려운 것이 없고, 플라톤의 경우에는 사람들이 그를 신성하다고 일컫는 이유만큼 인간적인 것도 없다. 또한 우리의 학문 중에서 가장 높은 수준에 도달했다고 칭송받는 것들이 나에게는 가장 비천하고 세속적인 것으로 여겨진다. 알렉산드로스의 삶에서는 자신을 불멸의 존재로 신격화하는 환상만큼이나 초라하고 필멸인 것도 없다. 필로타스[49]는 왕에게 보낸 답신을 통해 매우 유쾌하고 재치 있게 그를 풍자했다. 알렉산드로스를 신의 반열에 올려준 유피테르 아문 신의 신탁을 축하하며 쓴 편지에서 필로타스는 그런 기쁜 소식을 들어서 즐겁긴 하지만 한편으로는 필멸의 존재인 인간의 척도에 만족하지 못하는 사람과 함께 살아가며 그 사람에게 복종해야 하는 자들에게는 어딘가 불쌍한 구석이 있다고 적었다.

자신의 존재를 충실히 누릴 줄 아는 것이야말로 절대적인 완벽함이자 신성한 일이다. 우리는 자신의 쓰임새를 이해하지 못하는 까닭에 다른 조건들을 찾아다니고, 우리 안에 무슨 일이 일어나는지 모르는 까닭에 자신에게서 벗어나려 한다. 죽마에 올라타 봐야 아무 소용이 없는 이유는 그 위에서도 여전히 우리의 두 다리로 걸어야 하기 때문이다. 또한 세상에서 가장 높은 왕좌에 앉는다 하더라도 여전히 우리의 엉덩이를 걸치고 앉아 있는 것이다. 가장 훌륭하고 칭찬할 만하며 가장 기쁜 삶이란

---

49 마케도니아 왕국의 장군이자, 알렉산드로스의 명장 파르메니온의 아들.

(내가 생각하기에는) 어떤 경이로움이나 화려함 없이 평범한 틀과 보통 사람의 모범을 따르는 삶이다. 그래도 이제 노년은 좀 더 부드럽게 다루어주면 좋겠다. 건강의 수호자이자 모든 지혜의 원천이며 쾌활하고 사교적인 신께 노년을 맡기도록 하자.

3권 13장 「경험에 대하여」

옮긴이 **오웅석**

대일 외국어고등학교에서 스페인어를 배우고 중앙대학교에서 영어영문학을 전공했다. 의류회사 해외영업 부서를 거쳐 국제 친환경 인증기관에서 일하고 있다. 좋은 책들을 국내에 소개하고 싶어 글밥 아카데미에서 번역을 배웠다. 현재 바른번역 소속 번역가로 활동 중이며 옮긴 책으로는 『테슬라 웨이』, 『시장의 파괴자들』, 『신에 맞선 12인』 등이 있다.

몽테뉴의 살아있는 생각

초판 1쇄 발행 2025년 1월 1일
초판 2쇄 발행 2025년 1월 11일

지은이 앙드레 지드
옮긴이 오웅석
펴낸이 서선행

책임편집 이하정
디자인 김혜림

펴낸곳 서교책방
출판등록 2024년 3월 27일 제 2024-000037호
전화 070) 7701-3001
이메일 seokyo337@naver.com
종이 ㈜월드페이퍼 인쇄·제본 더블비

ISBN 979-11-989440-2-3 (03100)

• 책값은 뒤표지에 있습니다.
• 파본은 구입하신 서점에서 교환해드립니다.
• 이 책은 저작권법에 의하여 보호를 받는 저작물이므로 무단 전재와 복제를 금합니다.

㈜서교책방은 독자 여러분의 책에 관한 아이디어와 원고 투고를 기다리고 있습니다. 책 출간을 원하시는 분은 이메일 seokyo337@naver.com으로 간단한 개요와 취지, 연락처 등을 보내주세요.

앙드레 지드   André Gide(1869~1951)

문학의 여러 가능성을 실험한 프랑스 소설가. 프랑스 문단에 새로운 기풍을 불어넣어 20세기 문학의 진전에 지대한 공헌을 하였으며 『사전꾼들』을 발표해 현대소설에 자극을 줬다. 주요 저서로는 『좁은 문』 등이 있으며 1947년 노벨문학상을 수상했다.

셰익스피어, 에머슨, 니체, 루소 등 수많은 작가에게 영감을 주었다는 몽테뉴에 크게 영향을 받았다. 몽테뉴의 『수상록』을 읽고 "그에게 완전히 빠져들어 그가 바로 나 자신인 것 같다"는 유명한 말을 남겼다. 『수상록』에서 교훈이 될 만한 글을 발췌하여 자신의 시선으로 해석한 선집을 남겼다.